CONTEÚDO DIGITAL PARA ALUNOS
Cadastre-se e transforme seus estudos em uma experiência única de aprendizado:

1 Entre na página de cadastro:
https://sistemas.editoradobrasil.com.br/cadastro

2 Além dos seus dados pessoais e dos dados de sua escola, adicione ao cadastro o código do aluno, que garantirá a exclusividade do seu ingresso à plataforma.

5807059A7962663

3 Depois, acesse: https://leb.editoradobrasil.com.br/
e navegue pelos conteúdos digitais de sua coleção :D

Lembre-se de que esse código, pessoal e intransferível, é valido por um ano. Guarde-o com cuidado, pois é a única maneira de você acessar os conteúdos da plataforma.

Editora do Brasil

Vilza Carla

Tic-Tac
É tempo de aprender

3

Educação Infantil

LIVRO INTEGRADO

 Linguagem
 Matemática
 Natureza
 Sociedade

 Editora do Brasil

4ª Edição
São Paulo, 2020

Dados Internacionais de Catalogação na Publicação (CIP)
(Câmara Brasileira do Livro, SP, Brasil)

Carla, Vilza
  Tic-tac : é tempo de aprender : linguagem, matemática, natureza, sociedade : livro integrado : educação infantil 3 / Vilza Carla. -- 4. ed. -- São Paulo : Editora do Brasil, 2020.

  ISBN 978-85-10-08326-3 (aluno)
  ISBN 978-85-10-08327-0 (professor)

  1. Linguagem (Educação infantil) 2. Matemática (Educação infantil) 3. Natureza (Educação infantil) 4. Sociedade (Educação infantil) I. Título.

20-42287 CDD-372.21

Índices para catálogo sistemático:

1. Ensino integrado : Livros-texto : Educação infantil 372.21

Cibele Maria Dias - Bibliotecária - CRB-8/9427

4ª edição / 6ª impressão, 2025
Impresso na Gráfica Elyon

Avenida das Nações Unidas, 12901
Torre Oeste, 20º andar
São Paulo, SP – CEP: 04578-910
Fone: +55 11 3226-0211
www.editoradobrasil.com.br

© Editora do Brasil S.A., 2020
Todos os direitos reservados

Direção-geral: Vicente Tortamano Avanso

Direção editorial: Felipe Ramos Poletti
Gerência editorial: Erika Caldin
Supervisão de arte: Andrea Melo
Supervisão de editoração: Abdonildo José de Lima Santos
Supervisão de revisão: Dora Helena Feres
Supervisão de iconografia: Léo Burgos
Supervisão de digital: Ethel Shuña Queiroz
Supervisão de controle de processos editoriais: Roseli Said
Supervisão de direitos autorais: Marilisa Bertolone Mendes

Supervisão editorial: Carla Felix Lopes
Edição: Jamila Nascimento e Monika Kratzer
Assistência editorial: Beatriz Pineiro Villanueva
Auxílio editorial: Marcos Vasconcelos
Especialista em copidesque e revisão: Elaine Cristina da Silva
Copidesque: Gisélia Costa, Jonathan Busato, Ricardo Liberal e Sylmara Beletti
Revisão: Amanda Cabral, Andreia Andrade, Fernanda Almeida, Fernanda Sanchez, Flávia Gonçalves, Gabriel Ornelas, Mariana Paixão, Martin Gonçalves e Rosani Andreani
Pesquisa iconográfica: Lucas Alves
Assistência de arte: Daniel Souza
Design gráfico: Patrícia Lino
Capa: Patrícia Lino
Imagem de capa: Maria Kriadeira Ateliê/ Bianca Lemos Fotografia
Ilustrações: Ana Terra, Camila de Godoy, Camila Sampaio, Carolina Sartório, Conexão, Janete Trindade, Lorena Kaz, Mauricio Negro e Silvana Rando
Editoração eletrônica: N Public/Formato Editoração
Licenciamentos de textos: Cinthya Utiyama, Jennifer Xavier, Paula Harue Tozaki e Renata Garbellini
Controle de processos editoriais: Bruna Alves, Carlos Nunes, Rita Poliane, Terezinha de Fátima Oliveira e Valéria Alves

Silvana Rando

Criança, meu amor,

Este livrinho é todo seu. Ele está cheinho de brincadeiras prazerosas e motivadoras que ajudarão você a compreender o mundo a sua volta e a perceber como é agradável e divertido aprender!

Com ele, você poderá interagir e brincar com os colegas e com o professor de várias formas: cantando, jogando, desenhando, pintando, divertindo-se com as cantigas, parlendas, quadrinhas, poemas, adivinhas, trava-línguas e muito mais.

Os conteúdos integrados, com temas abrangentes e relacionados a seu dia a dia, favorecerão sua aprendizagem, seu desenvolvimento e sua socialização. E isso com certeza será motivo de muita alegria para você e para todos que torcem por seu sucesso! Legal demais, não é?

Agora, vamos brincar, vamos?

Vilza Carla

**TIC-TAC – É Tempo de Aprender
é a coleção mais querida do Brasil!**

VILZA CARLA

Silvana Rando

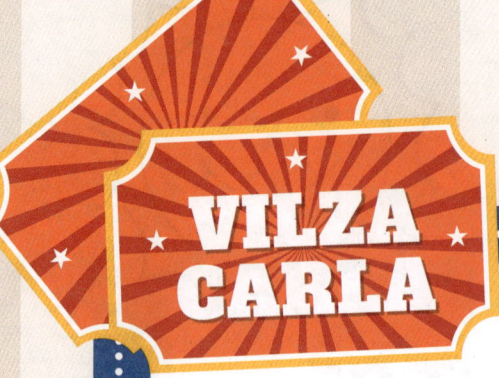

- Formada em Pedagogia com habilitação em Orientação Educacional.
- Pós-graduada em Psicopedagogia.
- Vários anos de experiência no trabalho com crianças em escolas das redes particular e pública da Educação Infantil e do Ensino Fundamental I.
- Autora da **Coleção Tic-tac – É Tempo de Aprender** (versão integrada e versão seriada), da Editora do Brasil, destinada a crianças da Educação Infantil.
- Coautora da **Coleção Essa Mãozinha Vai Longe – Caligrafia**, da Editora do Brasil, destinada a crianças de Educação Infantil e do Ensino Fundamental (1º ano ao 5º ano).

Para todas as crianças do Brasil!

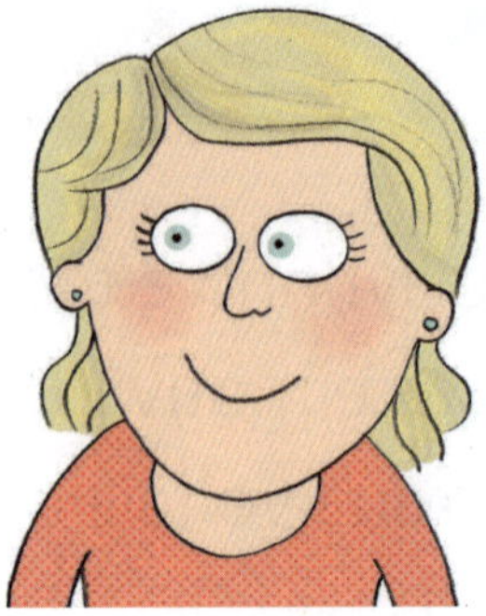

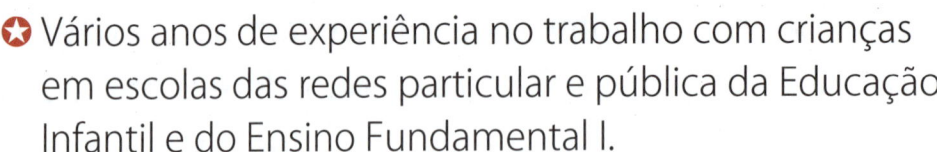

Um poema para as crianças

Caramba!
Como é demais
Ser criança.
A gente pula,
Corre, cai, levanta,
Vai e volta,
E nunca se cansa.

Ah! Ah! Ah!
Como é bom ser criança!
[...]
Puxa!
Como é legal
Ser criança.
A gente bate a cabeça,
Corta o dedão,
Esfola o joelho,
Machuca o bumbum,
E nunca descansa.

Ai! Ui! Ai!
Como é bom ser criança!

Lalau. **Hipopótamo, batata frita, nariz: tudo deixa um poeta feliz!**
São Paulo: DCL, 2009. p. 23.

Linguagem 7

Matemática 171

Natureza 263

Sociedade 323

Datas comemorativas 377

Ficha individual de observação 415

"Tem-se grande trabalho em procurar os melhores métodos para ensinar a ler e escrever. O mais seguro de todos eles, de que sempre se esquece, é o desejo de aprender. Dê a ele esse desejo e abandone dados e tudo mais, e qualquer método será bom."

Jean-Jacques Rousseau

A galinha do vizinho
Bota ovo amarelinho:
Bota um, bota dois,
Bota três, bota quatro,
Bota cinco, bota seis,
Bota sete, bota oito,
Bota nove, bota dez.

Parlenda.

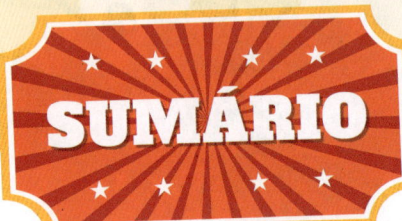

SUMÁRIO

Cantiga de roda
Parlenda
Quadrinha popular
Poema
Trava-língua
Adivinha

Atividades preparatórias 9
Coordenação motora
Orientação espacial
Análise e síntese
Atenção e memória visual
Atenção e memória auditiva

As vogais 18

Juntando as vogais 24

As consoantes e as famílias silábicas 26

As letras **k**, **w** e **y** 90

Alfabeto 91

Sílabas complexas 93

Os sons da letra X 160

Alfabeto móvel 165

Atividades preparatórias
— Você conhece a cantiga do pintinho amarelinho?

Escreva seu nome no pintinho, destaque a folha, cole-a em uma cartolina e recorte a figura na linha tracejada. Depois, amarre um pedaço de barbante nos furos para pendurá-lo em seu pescoço. Está pronto seu crachá de pintinho!

Modelo:

Camila de Godoy

— **Vamos brincar de adivinha?**

Pinte de **azul** a resposta da primeira adivinha e de **vermelho** a resposta da segunda adivinha.

O que é, o que é?
Branquinho, brancão,
Não tem porta nem portão.

Adivinha.

O que é, o que é?
Tem bico, mas não bica.
Tem asa, mas não voa.

Adivinha.

— **Que história é essa?**

Ouça a história **Os três porquinhos** lida pelo professor.

— **Você gostou dessa história? Já conhecia?**

Agora, ajude os três porquinhos a chegar até a casinha sem serem vistos pelo lobo. Primeiro faça o traçado e depois cole pedacinhos de papel sobre o traçado que você fez.

— Vamos brincar com quadrinhas?

Acompanhe a leitura das quadrinhas feita pelo professor. Repita-as e ligue cada quadrinha ao animal a que se refere. Depois, ilustre a quadrinha que ficou sem a imagem.

Uma pulga
Na balança
Deu um pulo
E foi à França.

HomeStudio/Shutterstock.com

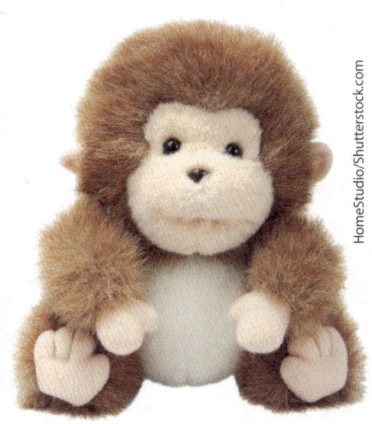

Meio-dia,
Macaco assobia,
Panela no fogo,
Barriga vazia.

BERMIX STUDIO/Shutterstock.com

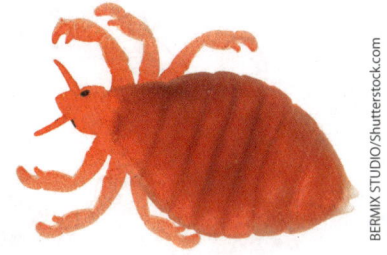

Fui à feira comprar uva,
Encontrei uma coruja.
Eu pisei no rabo dela,
Me chamou de cara suja.

Quadrinhas.

— O que você percebe ao olhar para a tela do artista plástico Ivan Cruz?

— De que as crianças estão brincando? Como são as casinhas? Você costuma brincar de roda na rua?

Siga as orientações do professor e faça a releitura da obra com os colegas.

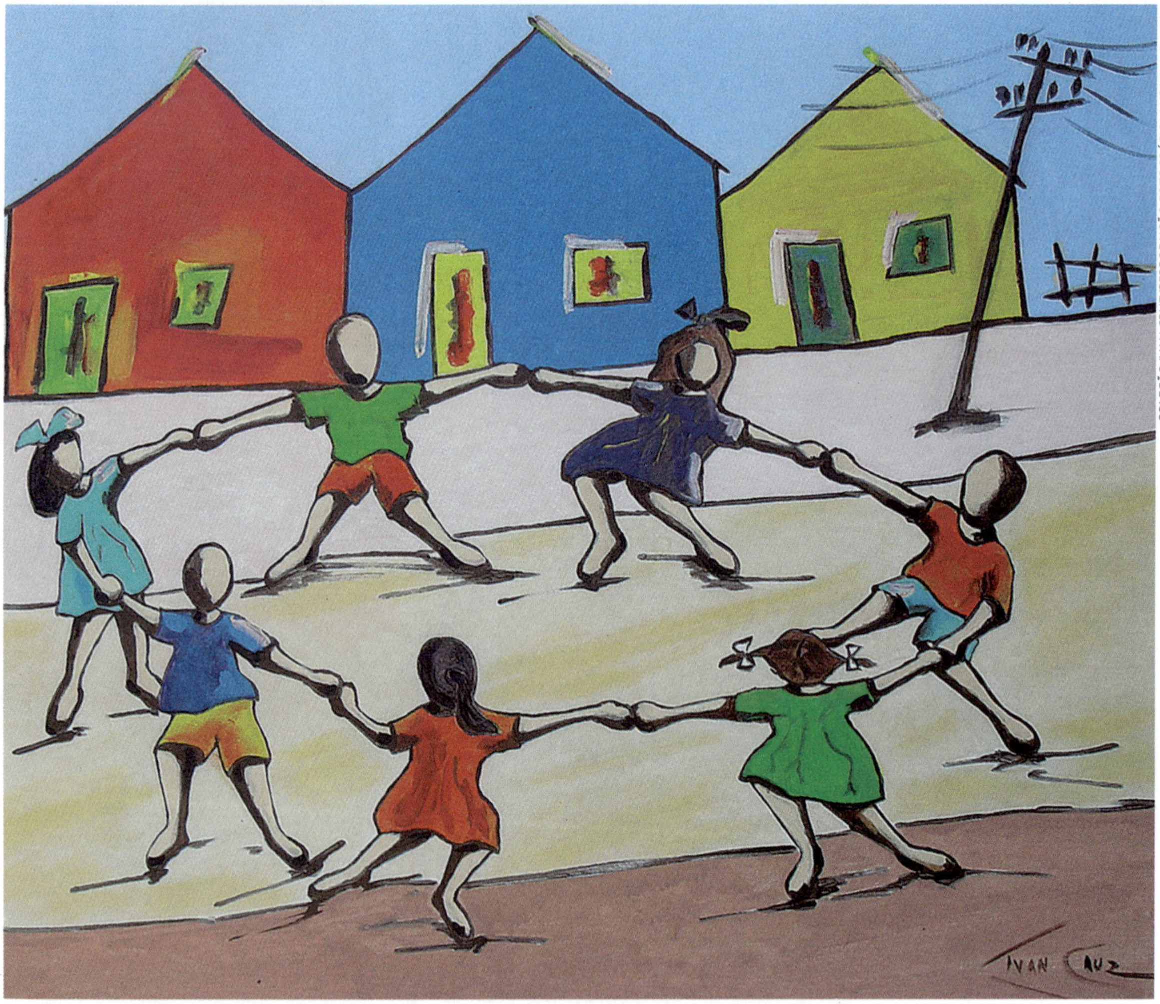

COLEÇÃO IVAN CRUZ/REPRODUÇÃO FOTOGRÁFICA LUDMILA GUERRA

Ivan Cruz. **Ciranda II**, 2004. Pintura sobre acrílico, 30 cm × 40 cm.

O artista plástico **Ivan Cruz** nasceu em 1947 nos subúrbios do Rio de Janeiro. Quando era criança, brincava pelas ruas do bairro.

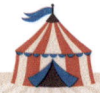

Agora, faça como Ivan Cruz: cubra os tracejados das casinhas e pinte-as como quiser. Depois, desenhe o poste da rua.

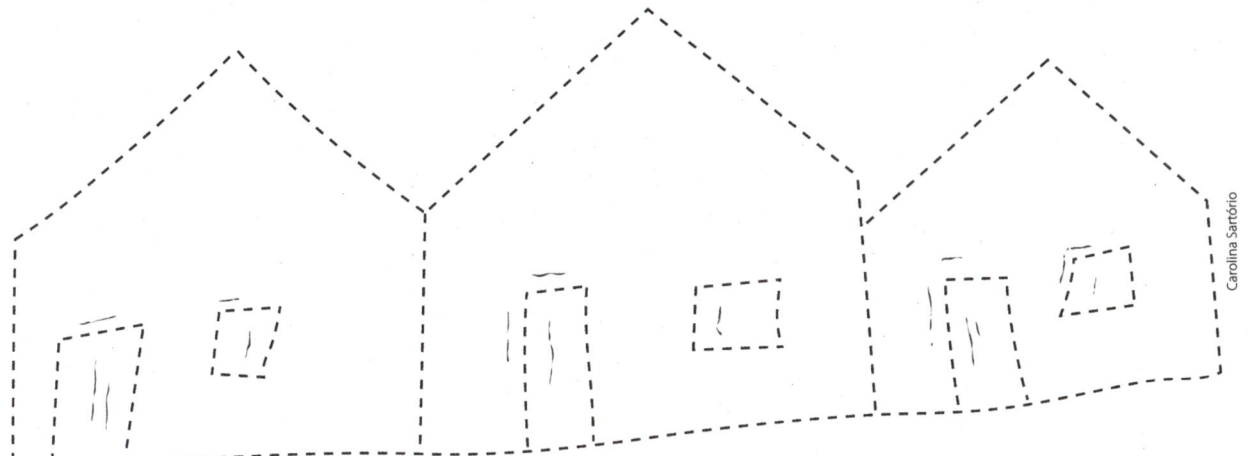

Carolina Sartório

Fernando Favoretto/Criar Imagem

— Vamos procurar os brinquedos escondidos?
— Quais serão esses brinquedos?

Pinte os espaços em que aparecem pontinhos e descubra a resposta. Observe as cores indicadas para pintar os brinquedos.

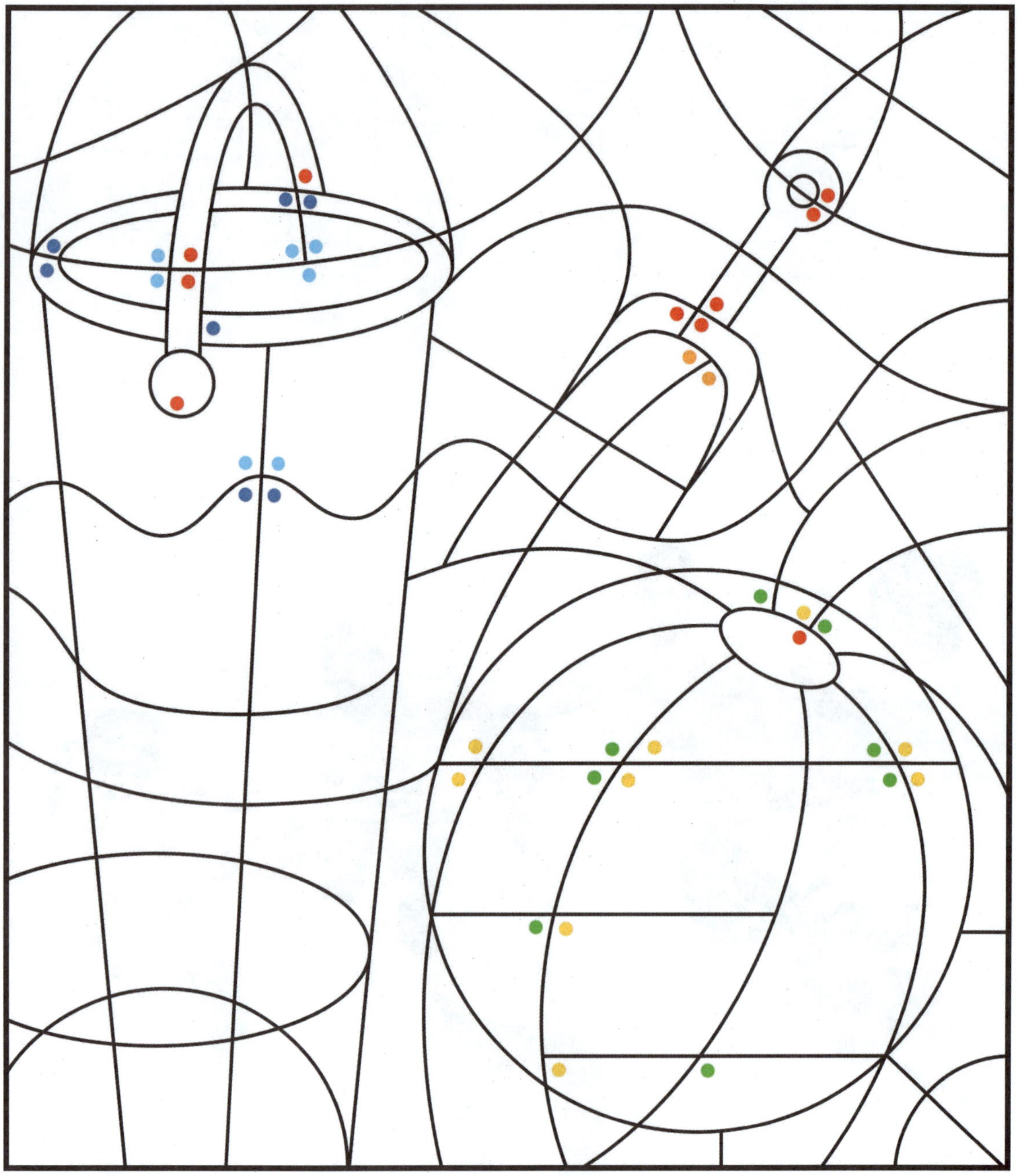

Camila de Godoy

— Que brinquedos você descobriu?

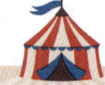

— **Que palavra completa cada verso?**

Acompanhe a leitura do professor e pinte a figura cujo nome rima com a última palavra do verso anterior.

Meu brinquedo pula e rola.
Meu brinquedo é uma...

Cai, cai, balão
Aqui na minha...

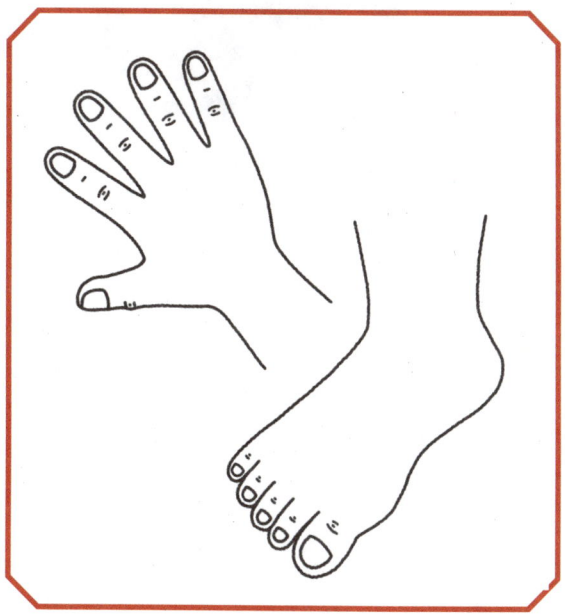

Soltei a peteca
E peguei a...

Tem um ovo no ninho
Desse pequeno...

Ilustrações: Camila de Godoy

As vogais

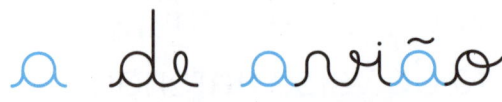

a de avião

DmitriyKazitsyn/iStockphoto.com

A a
a a

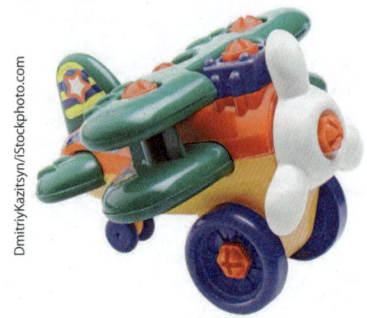

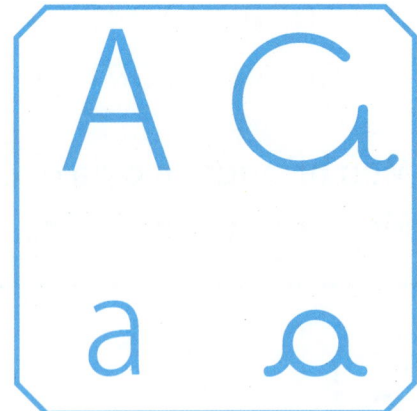

Cubra o tracejado da letra **a** e continue escrevendo-a.

a a a ______________________

a ______________________

A a a ______________________

a ______________________

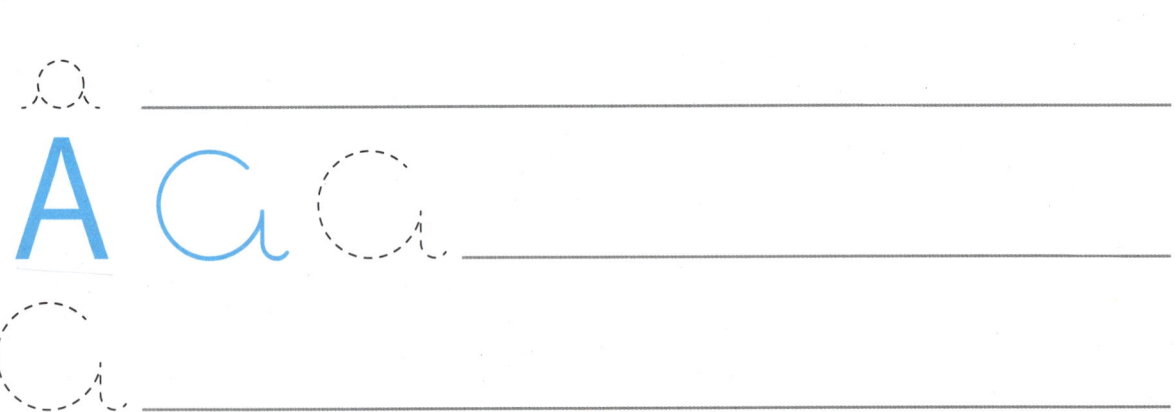

Escreva a letra a dentro das figuras e pinte-as. Depois, circule todas as letras **a** que encontrar nas palavras.

acerola

avião

abacaxi

Ilustrações: Silvana Rando

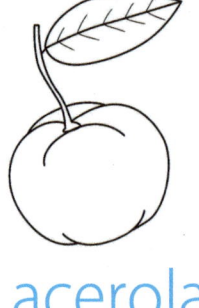

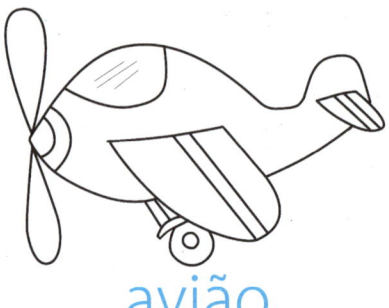

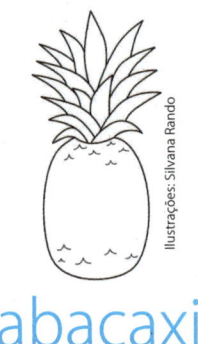

e de esquilo

🤡 Cubra o tracejado da letra **e** e continue escrevendo-a.

e e e _____

e _____

E Ɛ Ɛ _____

Ɛ _____

🤡 Escreva a letra **e** dentro das figuras e pinte-as. Depois, circule todas as letras **e** que encontrar nas palavras.

elefante   espelho   estrela

19

i de indiozinho

ivanmateev/iStockphoto.com

I 𝓘
i 𝒾

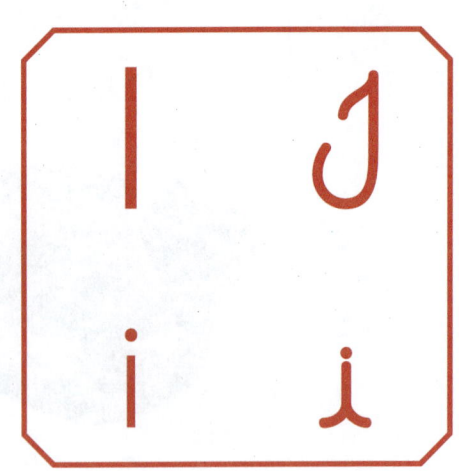

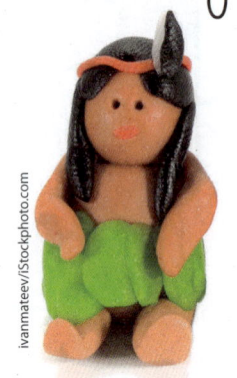

Cubra o tracejado da letra **i** e continue escrevendo-a.

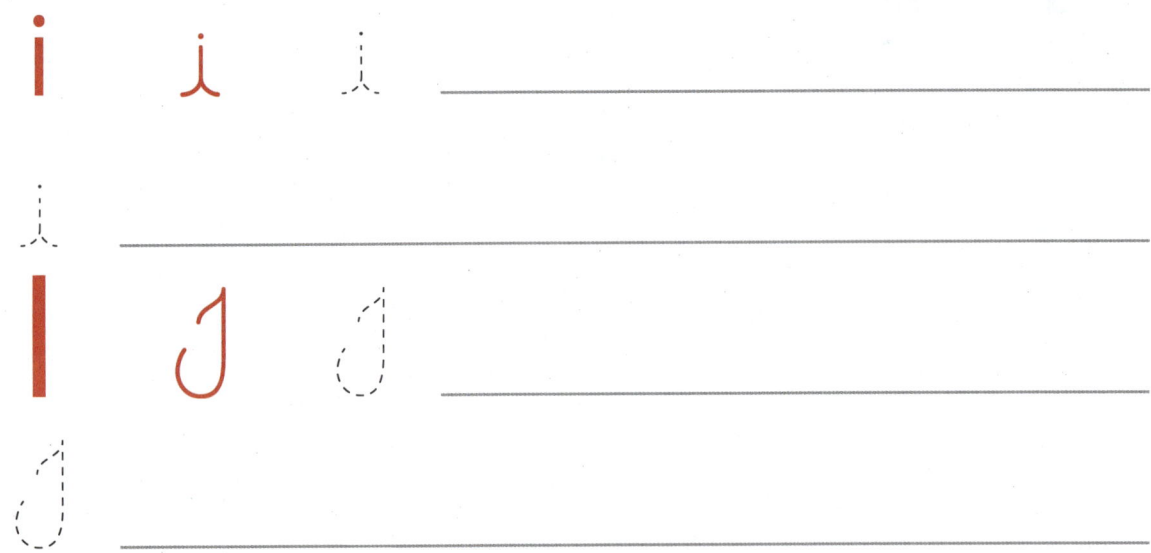

i 𝒾 𝒾 ______

𝒾 ______

I 𝓘 𝓘 ______

𝓘 ______

Escreva a letra 𝒾 dentro das figuras e pinte-as. Depois, circule todas as letras **i** que encontrar nas palavras.

ioiô

iogurte

igreja

Ilustrações: Silvana Rando

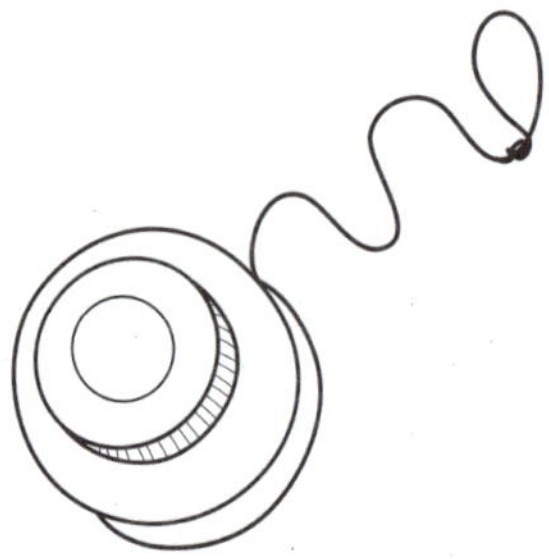

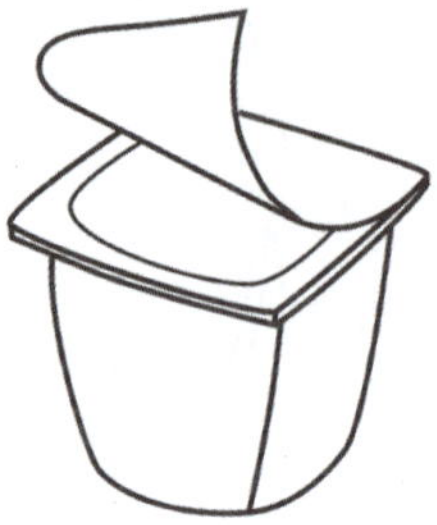

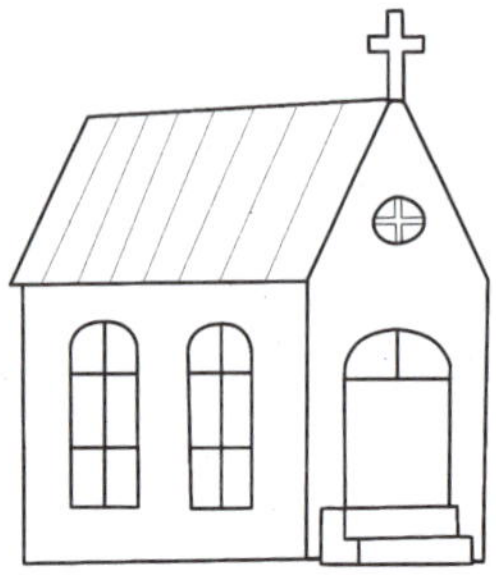

o de *onibus*

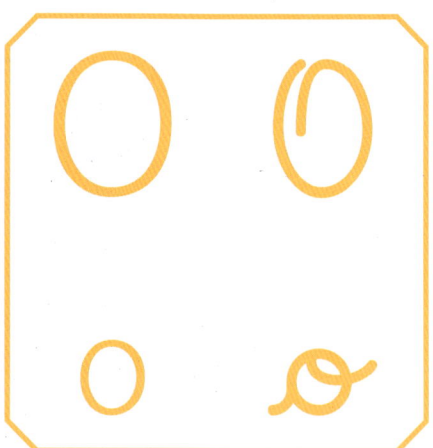

🤡 Cubra o tracejado da letra **o** e continue escrevendo-a.

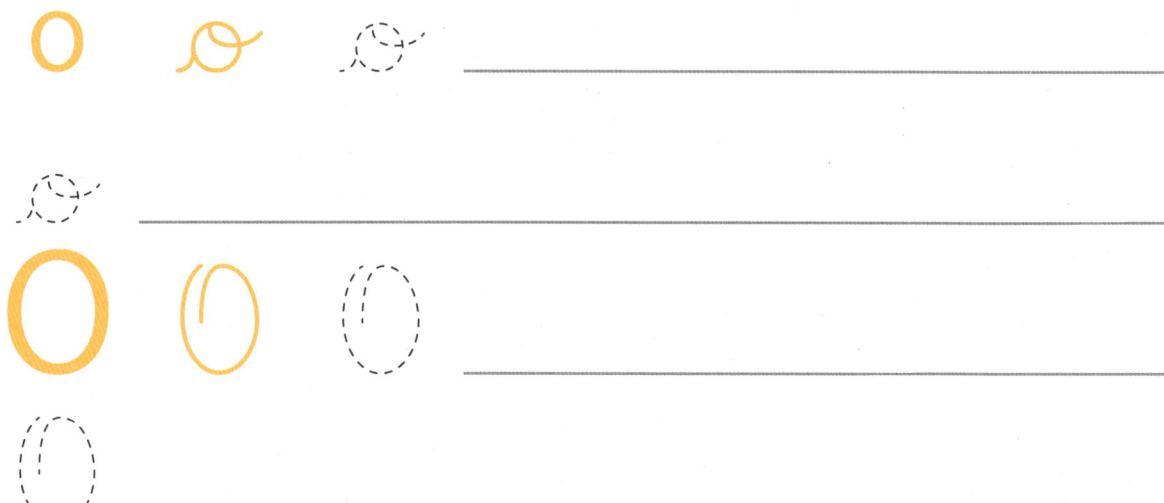

🤡 Escreva a letra **o** dentro das figuras e pinte-as. Depois, circule todas as letras **o** que encontrar nas palavras.

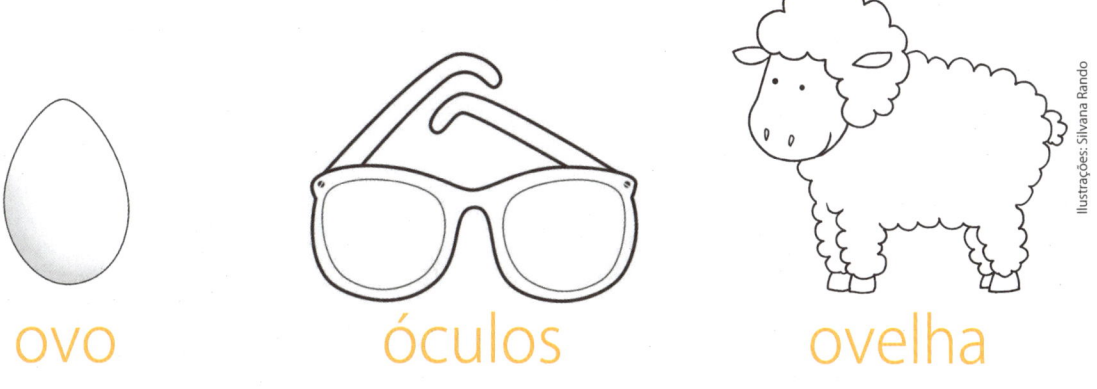

ovo   óculos   ovelha

u de urso

BirgitKorber/iStockphoto.com

U u u u

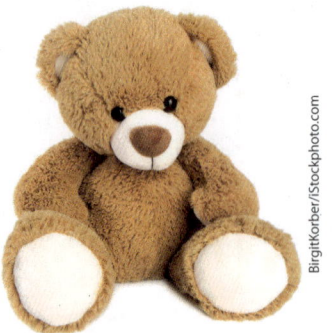

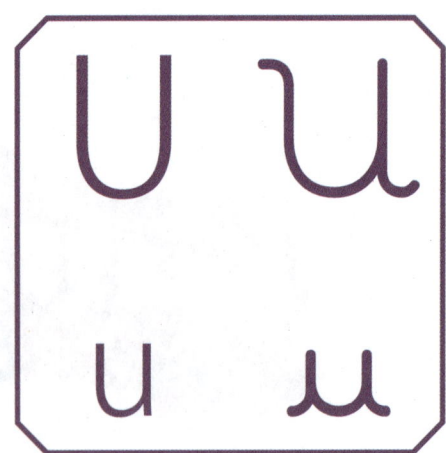

Cubra o tracejado da letra **u** e continue escrevendo-a.

u u u ______

u ______

U U U ______

U ______

Escreva a letra u dentro das figuras e pinte-as. Depois, circule todas as letras **u** que encontrar nas palavras.

uvas

unha

urubu

Ilustrações: Silvana Rando

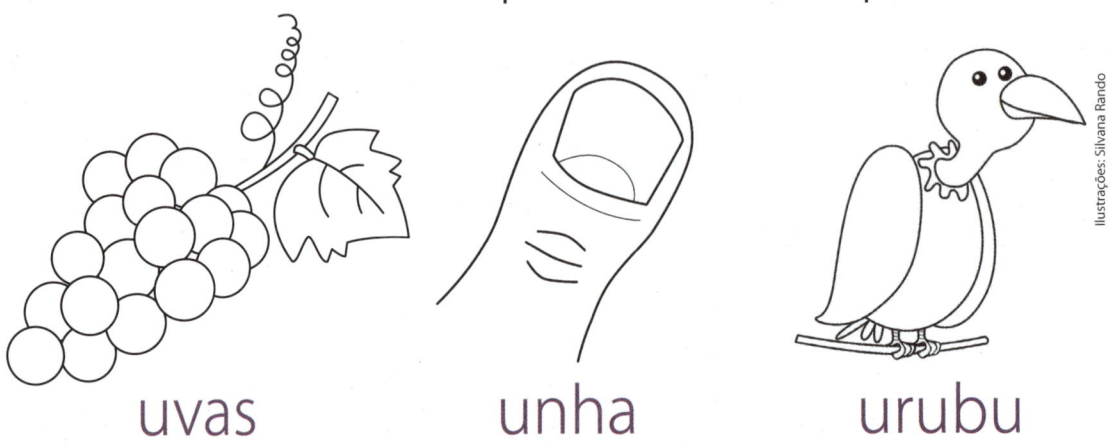

Escute a quadrinha que o professor lerá. Depois, pinte com as cores indicadas as vogais que encontrar nela.

a e i o u

Você me mandou cantar,
Pensando que eu não sabia,
Pois eu sou que nem cigarra,
Canto sempre todo dia.

Quadrinha.

Juntando as vogais

— O que cada personagem está dizendo?

🤡 Junte as vogais, escreva a palavra formada e leia-a.

🤡 Observe cada palavra, circule a primeira letra dela e faça um **X** na última.

a u   u i

e i   o i

Ilustrações: Silvana Rando

As consoantes e as famílias silábicas

bola

bola

🤡 Cubra o tracejado da letra **b** e continue escrevendo-a.

b b b _____
B B B _____

🤡 Leia a família do **b**, cubra o tracejado dela e copie-a.

ba	be	bi	bo	bu
ba	*be*	*bi*	*bo*	*bu*

Ba	Be	Bi	Bo	Bu
Ba	*Be*	*Bi*	*Bo*	*Bu*

Em cada linha, circule a palavra que é igual ao modelo.

boi	baú	boi	boa
baú	boa	Bia	baú
Bia	Bia	Bebé	Bibi
bebê	babá	bebê	boba

Escreva com letra cursiva as palavras que você circulou e ilustre-as.

🤡 Pinte a cena. Depois, leia as frases e sublinhe as que combinam com ela.

Bia é a bebê.
Bia é o boi.
A babá boia.
Bibi é a babá.

28

— Você conhece algum bebê?
— Qual é o nome do bebê que você conhece?
— Que tal brincar de imitar um bebê?

Volte às frases da página anterior e circule o nome **Bia** toda vez que encontrá-lo.

Faça um **X** na figura que completa cada frase a seguir.

Bia é a...

Bibi é a...

Leia as frases e copie-as.

Bia é a bebê.

_____

Bibi é a babá.

_____

casa

casa

🤡 Cubra o tracejado da letra **c** e continue escrevendo-a.

c c c _____
C C C _____

🤡 Leia a família do **c**, cubra o tracejado dela e copie-a.

ca	co	cu
ca	*co*	*cu*
Ca	Co	Cu
Ca	*Co*	*Cu*

🤡 Em cada caso, pinte o nome da figura toda vez que ele aparecer.

Cuca	cubo
Caio	**cabo**
Cuca	bico
cuia	**cubo**
coco	cueca
cueca	**cueca**
cuíca	**cubo**
coco	boca

🤡 Observe as duas palavras abaixo e diga o que você notou nelas. Depois, faça um desenho para ilustrá-las.

cabo

boca

31

🤡 **Pinte a cena. Depois, leia as frases e circule as que combinam com ela.**

O cão e a cueca.
Cacá e o cão.
O cubo é de Cacá.
Caco bica o cão.

— Você tem um cãozinho de estimação? Se não, gostaria de ter um?

— Você também gosta de brincar com um cãozinho?

— Como se chamam os cãezinhos que você conhece?

Volte às frases da página anterior e circule a palavra **cão** toda vez que encontrá-la.

Faça um / na figura que completa cada frase a seguir.

Cacá e o...

Ilustrações: Lorena Kaz

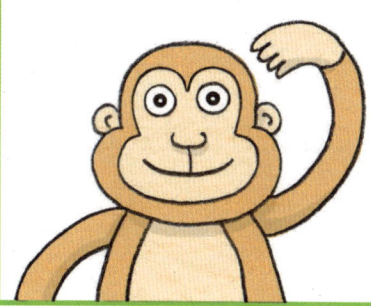

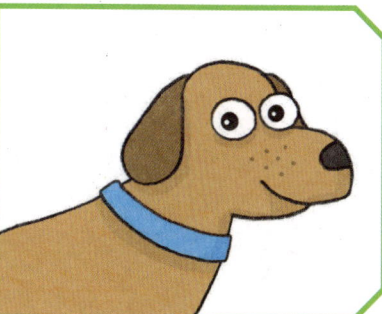

O cubo é de...

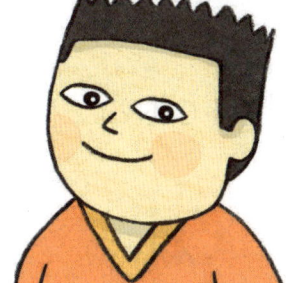

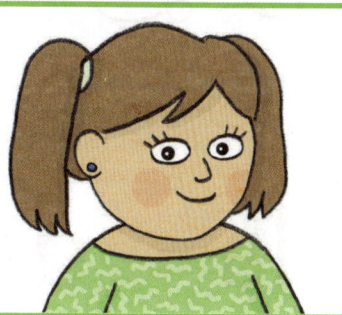

Leia as frases e copie-as.

Cacá e o cão.

____

O cubo é de Cacá.

____

dado

𝒹𝒶𝒹ℴ

🤡 Cubra o tracejado da letra **d** e continue escrevendo-a.

d   d   d   _____
D   𝒟   𝒟   _____

🤡 Leia a família do **d**, cubra o tracejado dela e copie-a.

da	de	di	do	du
𝒹𝒶	𝒹ℯ	𝒹𝒾	𝒹ℴ	𝒹𝓊

Da	De	Di	Do	Du
𝒟𝒶	𝒟ℯ	𝒟𝒾	𝒟ℴ	𝒟𝓊

Diga o nome de cada figura e circule as sílabas **da**, **de**, **di**, **do** e **du** que você encontrar em cada um. Depois, escreva na figura a sílaba que você circulou.

bode   dominó   cabide

doce   dedo

Leia os nomes e ligue os iguais. Depois, copie-os.

Duda •   • Edu _____

Edu •   • Dadá _____

Dadá •   • Duda _____

Dudé •   • Didi _____

Didi •   • Dudé _____

Pinte a cena. Depois, leia o texto e fale-o bem depressa sem travar a língua.

**O dedo do Dudu dói.
Dói o dedo do Dudu.**

Trava-língua.

— Você já machucou seu dedo? Como foi?
— O que você sentiu?
— E o que você fez?

Volte ao texto da página anterior e faça uma ● na palavra **dói** toda vez que encontrá-la.

⭐ Quantas vezes a palavra **dedo** aparece no trava--língua?

⭐ E quantas vezes a palavra **Dudu** aparece nele?

Desenhe no quadro o personagem do trava-língua e escreva na linha o nome dele.

Leia o trava-língua e copie-o.

O dedo do Dudu dói.

Dói o dedo do Dudu.

família
família

🤡 Cubra o tracejado da letra **f** e continue escrevendo-a.

f	f	f
F	F	F

🤡 Leia a família do **f**, cubra o tracejado dela e copie-a.

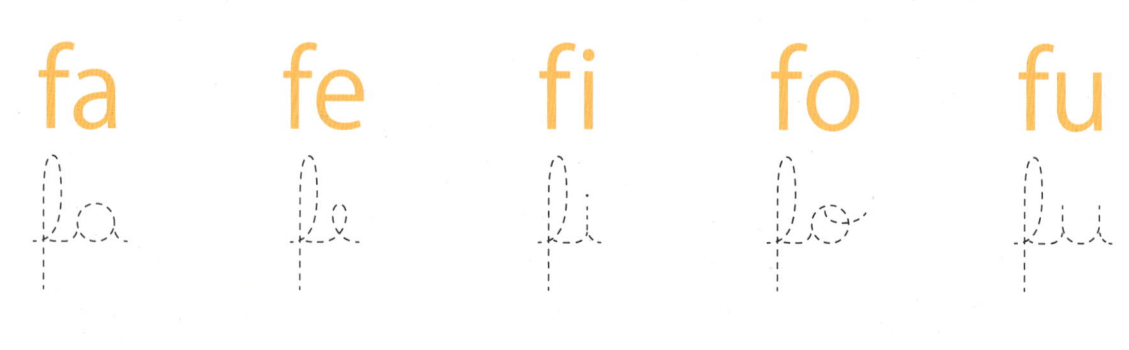

fa   **fe**   **fi**   **fo**   **fu**

fa   *fe*   *fi*   *fo*   *fu*

Fa   **Fe**   **Fi**   **Fo**   **Fu**

Fa   *Fe*   *Fi*   *Fo*   *Fu*

🤡 Cada palavra do quadro está junto a um sinal. Faça os mesmos sinais nas palavras que forem iguais.

🟡 faca   🟥 foca   ❌ bife

foca	bife	faca	foca
bife	faca	bife	faca
bife	foca	foca	faca
faca	foca	faca	bife

🤡 Junte as sílabas para formar palavras. Depois, escreva cada palavra duas vezes e pinte as figuras.

ca   fé   fa   da   fi   o

_____   _____   _____
_____   _____   _____

39

Pinte a cena e leia o texto.

A fada Fifi

Fifi é uma fofa.
Fifi é educada.
Fifi é uma fada.

Texto escrito especialmente para esta obra.

— Você conhece alguma história com fada? Qual?
— Por que será que a fada do texto é fofa e educada?

Volte ao texto da página anterior e circule a palavra **fada** toda vez que encontrá-la.

Pinte e copie somente as frases que aparecem no texto que você leu.

Fifi é uma fada.

_____

Fábia é educada.

_____

A foca é feia.

_____

Fifi é uma fofa.

_____

Desenhe a varinha mágica da fada.

gato
gato

🤡 Cubra o tracejado da letra **g** e continue escrevendo-a.

| g | *g* | *g* | _____ |
| G | *G* | *G* | _____ |

🤡 Leia a família do **g**, cubra o tracejado dela e copie-a.

ga **go** **gu**

ga *go* *gu*

Ga **Go** **Gu**

Ga *Go* *Gu*

42

🤡 Em cada quadro, observe a figura, a palavra e o sinal ao lado dela. Depois, faça o mesmo sinal no quadrinho das palavras que forem iguais a ela.

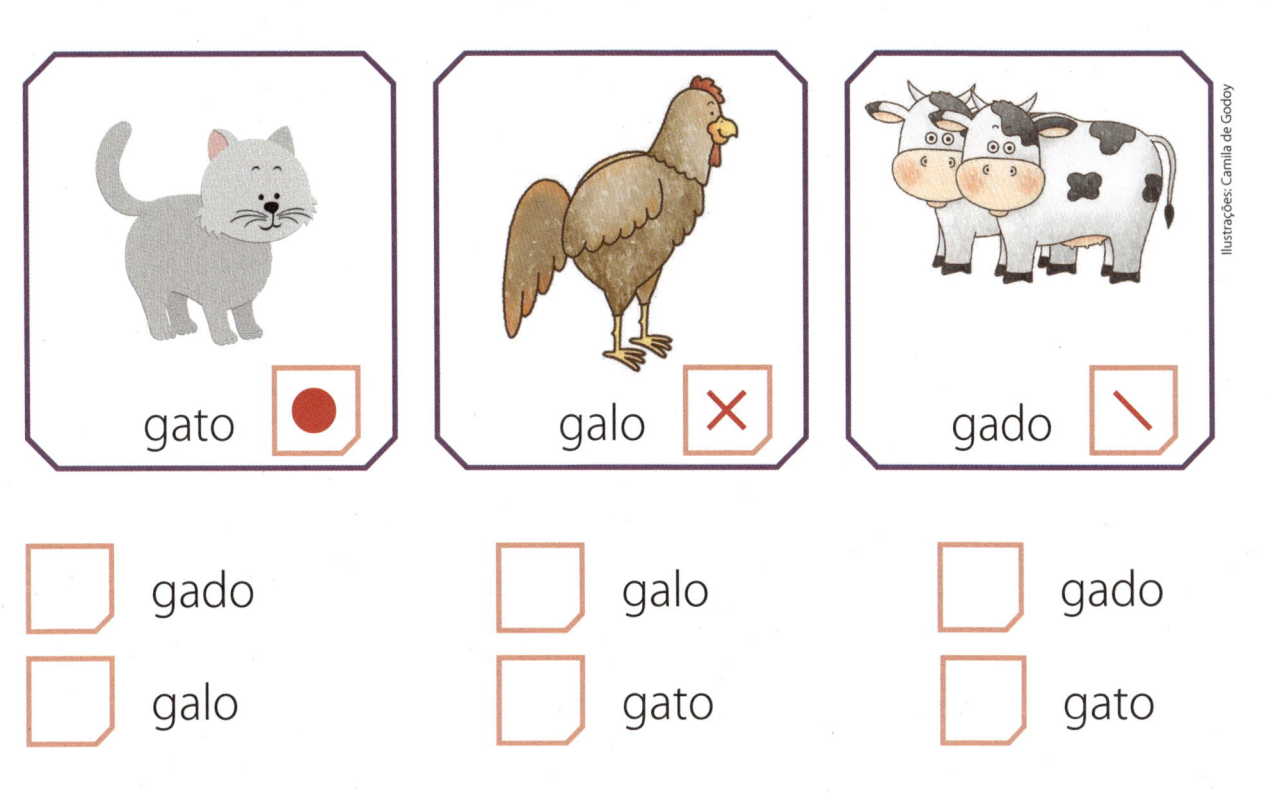

| gato ● | galo ✗ | gado \ |

☐ gado   ☐ galo   ☐ gado
☐ galo   ☐ gato   ☐ gato

🤡 Descubra as palavras secretas observando as sílabas e as cores da legenda. Veja o modelo.

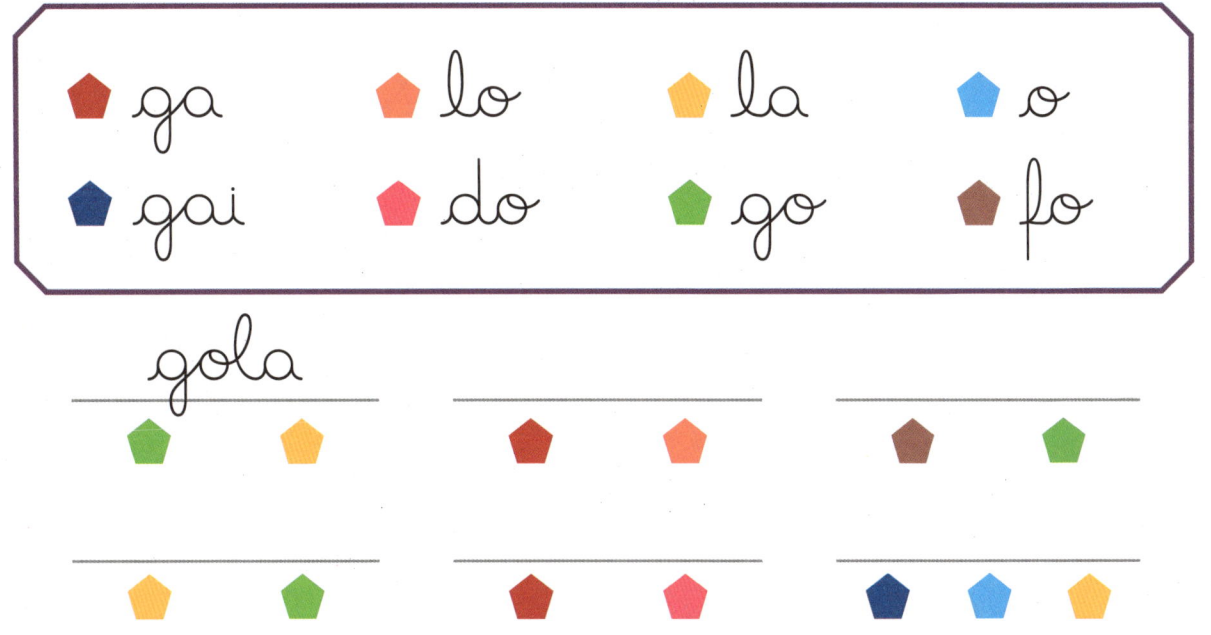

- 🟥 ga   🟧 lo   🟨 la   🟦 o
- 🟦 gai   🟥 do   🟩 go   🟫 fo

gola

43

🤡 Pinte a cena e leia o texto.

Lorena Kaz

O galo

Guga bica o figo.
Guga bica a goiaba.
Guga bebe a água boa.
Guga é o galo da Gabi.

Texto escrito especialmente para esta obra.

— Você já viu um galo de perto?
— Onde os galos vivem?
— Você sabe imitar um galo e o som que ele faz?

Volte ao texto da página anterior e circule o nome **Guga** toda vez que encontrá-lo.

Faça um **X** na resposta certa de cada pergunta a seguir.

⭐ Qual é o animal da Gabi?

⭐ Quais frutas Guga bica?

⭐ O que Guga bebe?

Leia a frase e copie-a.

Guga bica a goiaba.

jacaré

jacaré

🤡 Cubra o tracejado da letra **j** e continue escrevendo-a.

j *j* *j* _____

J *J* *J* _____

🤡 Leia a família do **j**, cubra o tracejado dela e copie-a.

ja	je	ji	jo	ju
ja	*je*	*ji*	*jo*	*ju*

Ja	Je	Ji	Jo	Ju
Ja	*Je*	*Ji*	*Jo*	*Ju*

46

🤡 Substitua a bolinha de cada cor pela sílaba correspondente e forme palavras.

🔴	🟡	🟢	🔵	🌸	🟣	⚫
jo	ju	ca	ja	lo	ba	go

🤡 Pinte apenas os jabutis nos quais estão escritas as palavras que o professor ditar.

cajá joia jipe

jaca Juca Joca

47

Pinte a cena e leia o texto.

Juca e Juju

O caju é do Juca.
A jaca é da Juju.
Juju dá jaca ao Juca.
Juca dá caju a Juju.

Texto escrito especialmente para esta obra.

— Você já provou caju ou suco de caju?
— Já comeu jaca?

Volte ao texto da página anterior e circule de **vermelho** a palavra **caju** e de **verde** a palavra **jaca** toda vez que encontrá-las.

Escreva nas linhas o nome dos personagens. Depois, desenhe nos quadros a fruta de cada um deles.

Leia as frases e copie-as.

Juju dá jaca ao Juca.

Juca dá caju a Juju.

lobo
lobo

🤡 Cubra o tracejado da letra **l** e continue escrevendo-a.

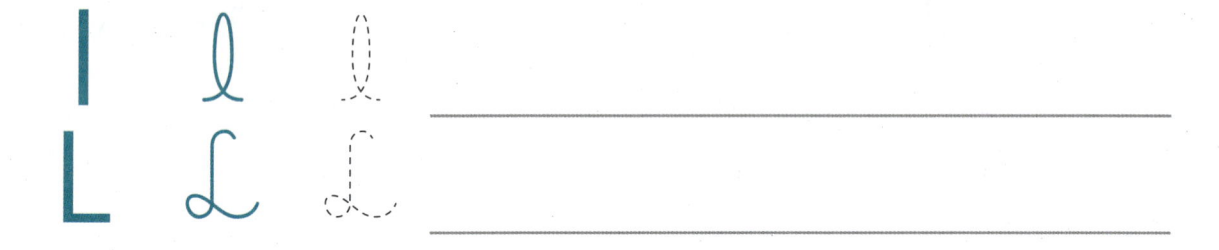

l	l	l
L	L	L

🤡 Leia a família do **l**, cubra o tracejado dela e copie-a.

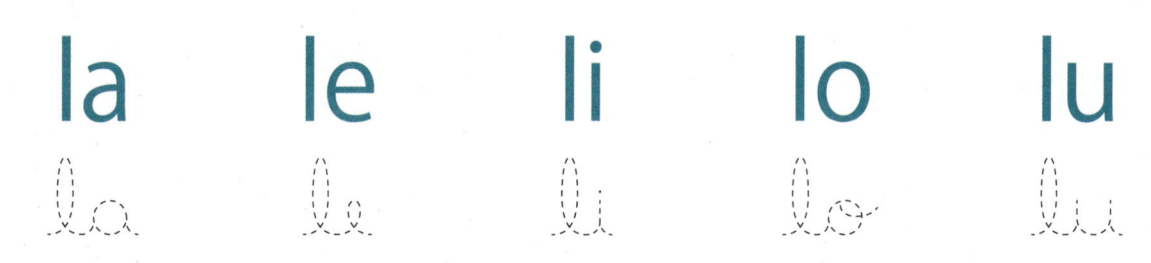

la	le	li	lo	lu
la	le	li	lo	lu

La	Le	Li	Lo	Lu
La	Le	Li	Lo	Lu

🤡 Em cada quadro, observe a figura, a palavra e a cor ao lado dela. Depois, pinte da mesma cor o círculo das palavras iguais.

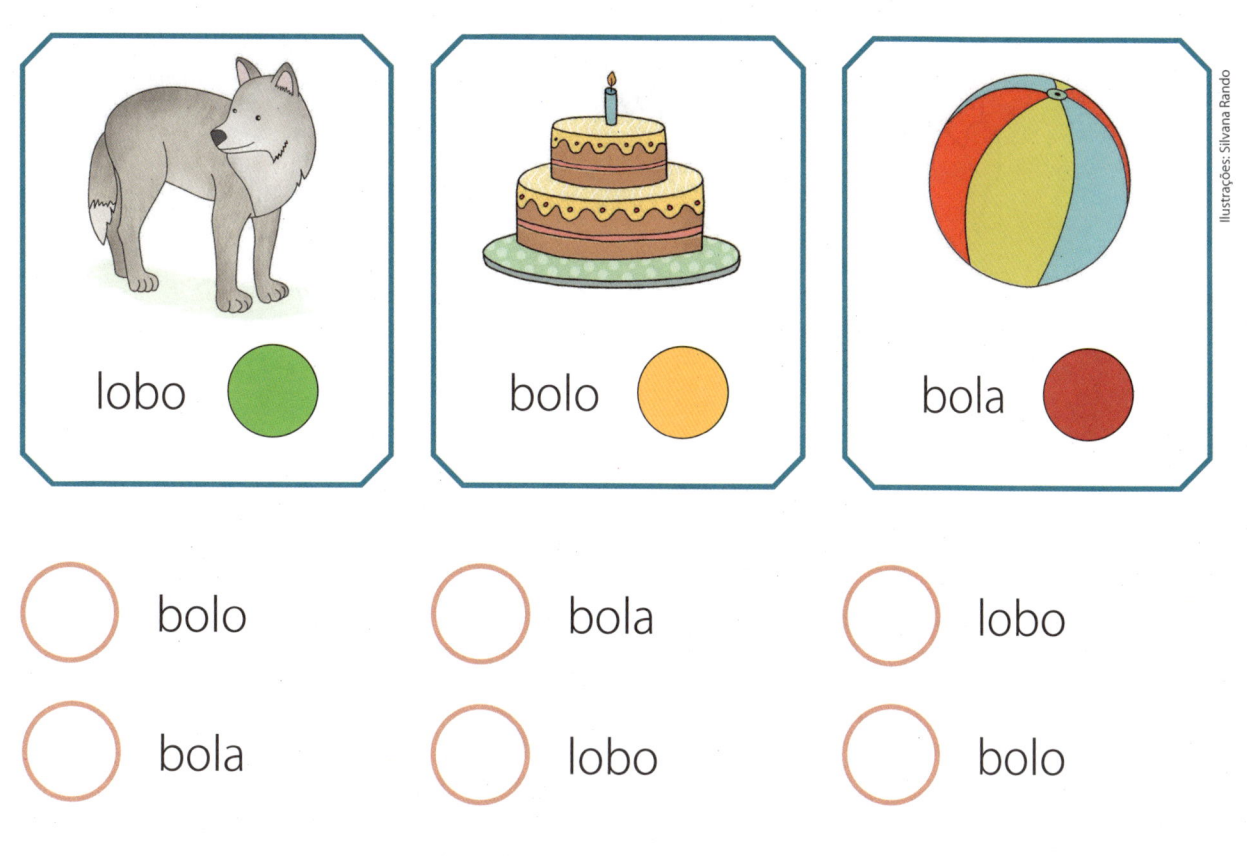

lobo 🟢   bolo 🟡   bola 🔴

○ bolo   ○ bola   ○ lobo

○ bola   ○ lobo   ○ bolo

🤡 Forme outras palavras com a palavra **cabelo**, copiando somente as sílabas que não estão pintadas. Depois, desenhe o cabelo do menino.

ca	be	lo

ca	be	lo

ca	be	lo

Pinte a cena e leia o texto. Depois, desenhe um lago nela.

A bola
— Olá, Lola!
— Olá, Belo!
Belo jogou a bola.
Lola pegou a bola.
Lola jogou a bola.
A bola caiu no lago.

Texto escrito especialmente para esta obra.

— Você já brincou de bola?
— Como é o jogo que você jogou?
— Com quem você jogou bola?

🤡 Volte ao texto da página anterior e sublinhe a palavra **bola** toda vez que encontrá-la.

🤡 Agora, escreva abaixo o que cada personagem falou no texto.

Belo: _____

Lola: _____

🤡 Complete as frases de acordo com o texto.

Belo jogou a _____.
_____ pegou a bola.
Lola _____ a bola.
A bola caiu no _____.

🤡 Observe as bolas e pinte os espaços com a cor que falta para que todas fiquem iguais.

macaco

macaco

🤡 Cubra o tracejado da letra **m** e continue escrevendo-a.

m	m	m	_____
M	M	M	_____

🤡 Leia a família do **m**, cubra o tracejado dela e copie-a.

ma	me	mi	mo	mu
ma	*me*	*mi*	*mo*	*mu*

_____ _____ _____ _____ _____

Ma	Me	Mi	Mo	Mu
Ma	*Me*	*Mi*	*Mo*	*Mu*

_____ _____ _____ _____ _____

54

🤡 Escreva a sílaba inicial do nome de cada imagem.

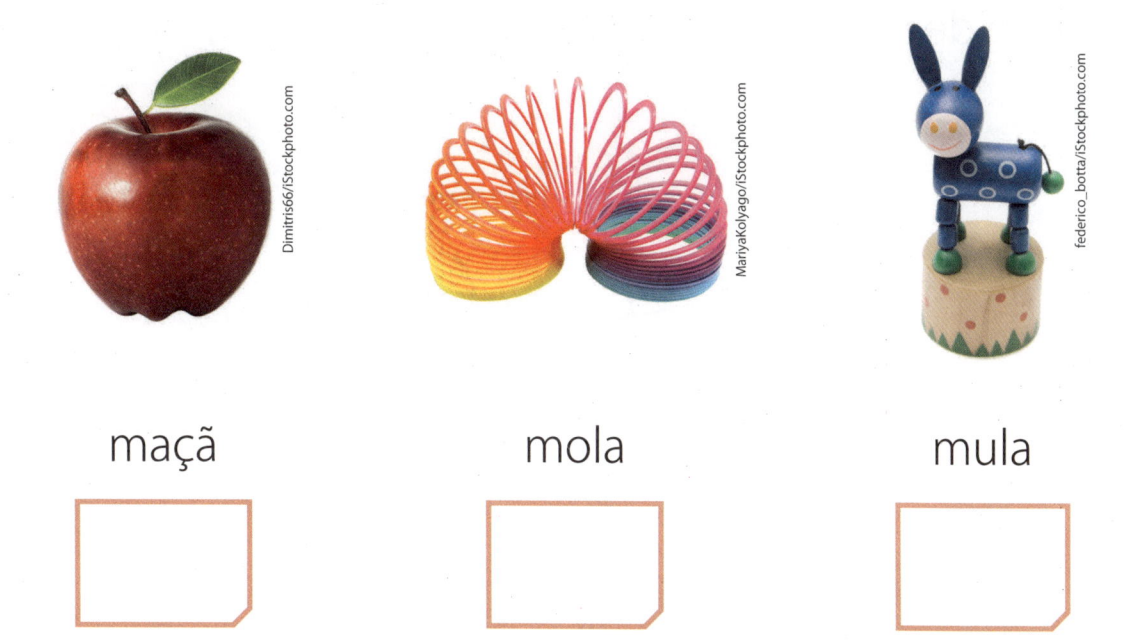

maçã   mola   mula

🤡 Forme palavras juntando as sílabas.

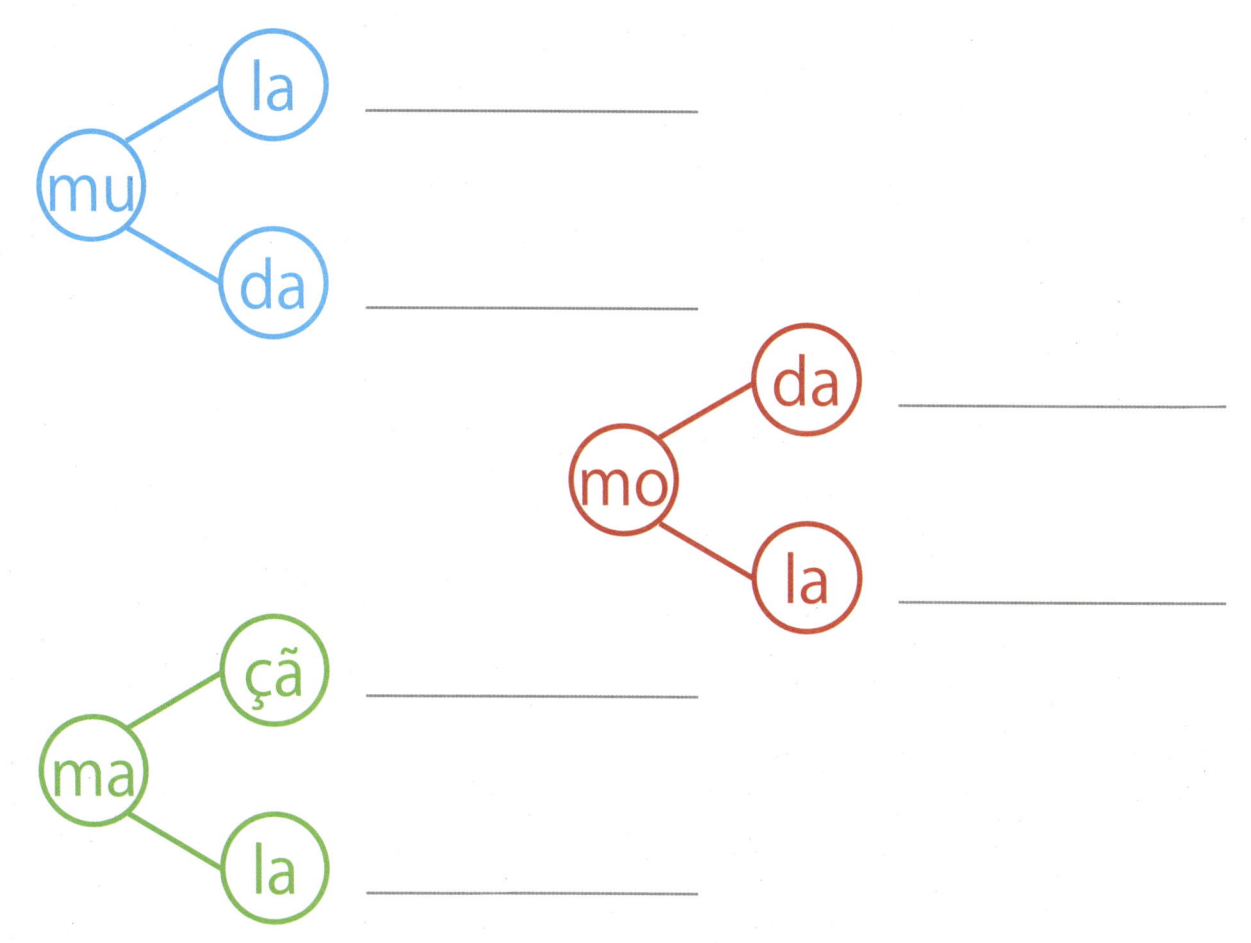

mu — la _____
mu — da _____

mo — da _____
mo — la _____

ma — çã _____
ma — la _____

Pinte a cena e leia o texto. Depois, desenhe e pinte um prato de ração para este gatinho.

Mimi mia
Miau, miau, miau!
O gato mia.
Mas não é fome,
É mania.
Miau, miau, miau!
Mimi mia.

Texto escrito especialmente para esta obra.

— Você tem algum animal de estimação?
— Qual é o nome dele?
— Você sabe imitar um gatinho miando com fome? E miando bravo? E feliz? E miando com muito sono?

🤡 Volte ao texto da página anterior e sublinhe a palavra **miau** toda vez que encontrá-la.

🤡 Agora, ligue a figura do animal citado no texto ao som que ele emite. Depois escreva o nome dele na linha.

🐾 Mééé, mééé!

🐾 Muuuuuu!

🐾 Miau, miau, miau!

_____

🤡 Complete as frases de acordo com o texto.

Miau, miau, _____!
O gato _____.
Mas não é _____,
É _____.

navio

navio

🤡 Cubra o tracejado da letra **n** e continue escrevendo-a.

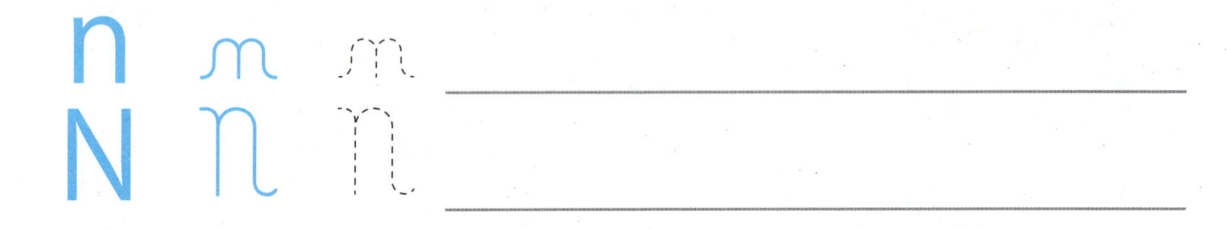

n n n
N n n

🤡 Leia a família do **n**, cubra o tracejado dela e copie-a.

na   ne   ni   no   nu

na   ne   ni   no   nu

Na   Ne   Ni   No   Nu

Na   Ne   Ni   Ne   Nu

Observe a sílaba dentro de cada nuvem e circule as palavras em que ela aparece.

na   dona   nata   neve

ne   nenê   nabo   neta

ni   nave   ninho   mini

no   ano   nada   nono

nu   navio   nuca   nua

Leia cada palavra e faça um desenho para representá-la.

boné   banana   boneca

Pinte a cena e leia o texto.

Lorena Kaz

Ana e a boneca

Ana é uma menina bacana.
Nina é uma boneca de pano.
Nina é uma boneca bonita.
Ana é a dona da boneca.

Texto escrito especialmente para esta obra.

— Você já viu uma boneca feita de pano?

— Além de tecido, o que mais é necessário para fazer uma boneca de pano?

— Qual é a boneca de pano mais famosa que você conhece?

🤡 Volte ao texto da página anterior e circule a palavra **menina**. Depois, sublinhe a palavra **boneca** toda vez que encontrá-la.

🤡 Ligue cada personagem do texto às palavras que a identificam.

- Nina
- Ana
- menina
- boneca

🤡 Complete as frases de acordo com o texto. Depois, copie-as.

Nina é uma boneca de _____.

Ana é dona da _____.

pato
pato

🤡 Cubra o tracejado da letra **p** e continue escrevendo-a.

P p p _____

P P P _____

🤡 Leia a família do **p**, cubra o tracejado dela e copie-a.

pa	pe	pi	po	pu
pa	pe	pi	po	pu

Pa	Pe	Pi	Po	Pu
Pa	Pe	Pi	Po	Pu

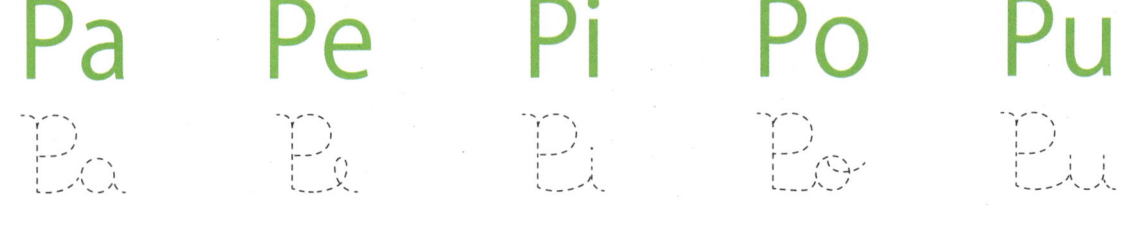

62

🤡 Em cada caso, pinte o nome da figura toda vez que ele aparecer.

pia
pião
piano
pião

picolé
pomada
pipa
picolé

pato
pena
pato
paca

peixe
pipoca
pipoca
panela

🤡 Agora pinte as sílabas observando a legenda.

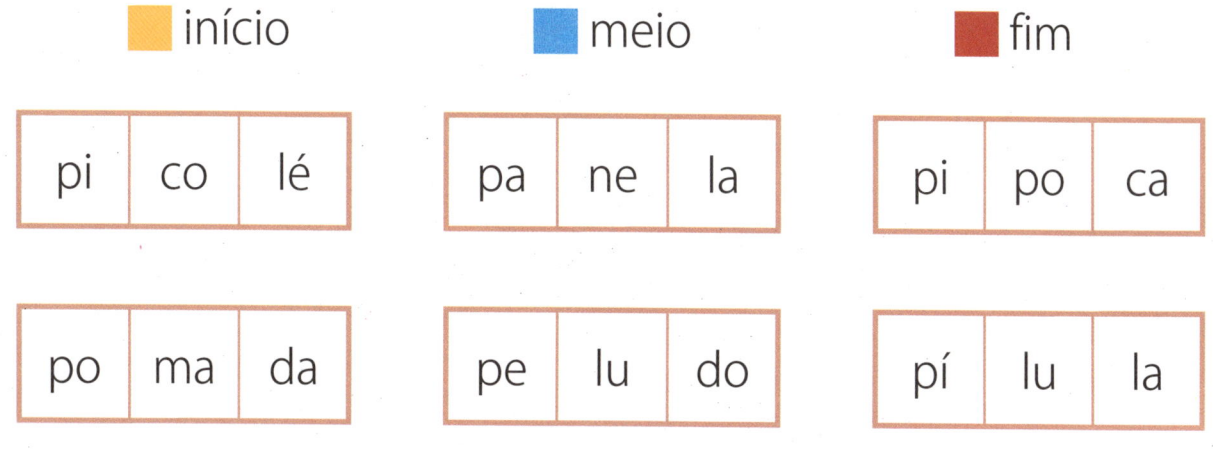

🟨 início   🟦 meio   🟥 fim

| pi | co | lé |

| pa | ne | la |

| pi | po | ca |

| po | ma | da |

| pe | lu | do |

| pí | lu | la |

63

Pinte a cena e leia o texto.

A pipa e o pião

A pipa é da Pepita.
O pião é do Paulão.
A pipa voa no céu.
O pião roda na mão.

Texto escrito especialmente para esta obra.

— Você já brincou com uma pipa?
— E com um pião?
— Por que é perigoso soltar pipas perto de fios elétricos?

🤡 Volte ao texto da página anterior e circule de **vermelho** a palavra **pipa** e de **verde** a palavra **pião** toda vez que encontrá-las.

🤡 Escreva nas linhas o nome dos personagens. Depois, desenhe nos quadros o brinquedo de cada um deles.

🤡 Leia as frases e copie-as.

A pipa voa no céu.

O pião roda na mão.

rato
rato

🤡 **Cubra o tracejado da letra r e continue escrevendo-a.**

r r r
R R R

🤡 **Leia a família do r, cubra o tracejado dela e copie-a.**

ra	re	ri	ro	ru
ra	re	ri	ro	ru

Ra	Re	Ri	Ro	Ru
Ra	Re	Ri	Ro	Ru

66

🤡 Pinte e copie a sílaba que completa o nome de cada figura.

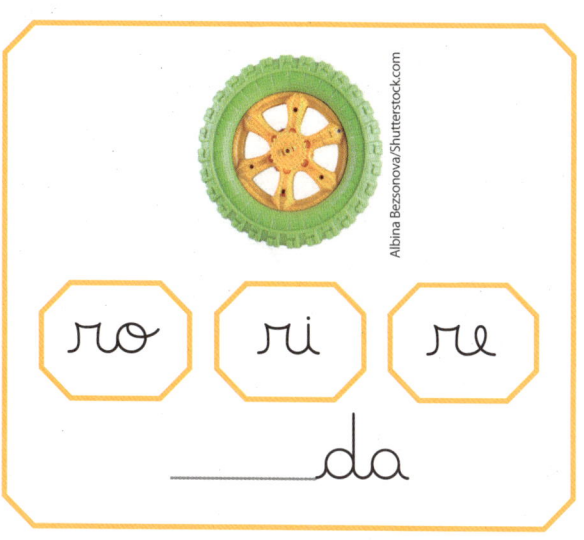

| ro | re | ra |
_____posa

| re | ru | ro |
_____bô

| ra | re | ri |
_____lógio

| ro | ri | re |
_____da

🤡 Leia as palavras e ligue as iguais.

rede

rádio

rua

roda

rua

roda

rede

rádio

Pinte a cena e leia o texto.

O robô e a boneca

Romeu é o robô.
Rebeca é a boneca.
O robô teve medo da boneca.
— Ri, ri, ri!
A boneca riu do robô.

Texto escrito especialmente para esta obra.

— Você tem uma boneca ou um robô de brinquedo?
— Você costuma dar nome a seus brinquedos?
— Que tal dramatizar o texto? Quem você gostaria de ser: a boneca ou o robô?

🤡 Volte ao texto da página anterior e sublinhe a palavra **robô** toda vez que encontrá-la.

🤡 Agora ligue a boneca à risada dela, conforme o texto. Depois escreva o nome da boneca na linha.

Rá, rá, rá!

Ré, ré, ré!

Ri, ri, ri!

🤡 Leia as frases e copie-as.

Romeu é o robô.

O robô teve medo da boneca.

sereia

sereia

🤡 Cubra o tracejado da letra **s** e continue escrevendo-a.

s s s
S S S

🤡 Leia a família do **s**, cubra o tracejado dela e copie-a.

sa	se	si	so	su
sa	se	si	so	su

Sa	Se	Si	So	Su
Sa	Se	Si	So	Su

70

🤡 Em cada coluna, circule a palavra que é igual ao modelo e ilustre-a.

sapo	**sino**	**saia**	**suco**
saco	sono	saia	sujo
sopa	sino	sala	suco
sapo	sede	sola	sabiá

🤡 Agora, circule na sacola as mesmas palavras que estão no quadro.

Sofia
sofá
suco

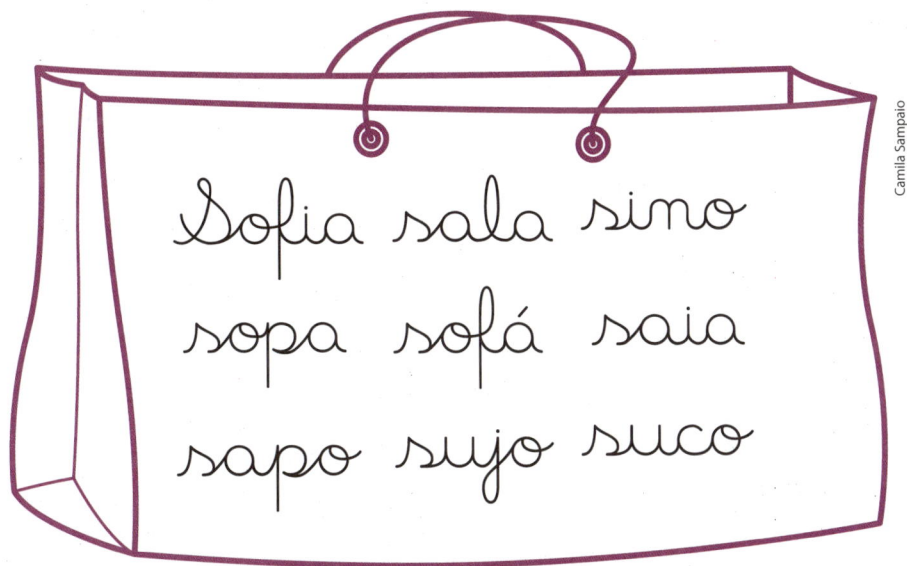

Sofia sala sino
sopa sofá saia
sapo sujo suco

Pinte a cena e leia o texto.

Saulo no sofá

Saulo tomou suco no sofá.
Saulo sujou o sofá de suco.
Sua tia falou:
— Saulo, você sujou o sofá?

Texto escrito especialmente para esta obra.

— Você gosta de suco de fruta fresquinho?
— De qual sabor de suco você mais gosta?
— Assim como o personagem do texto, você também costuma tomar suco sentado no sofá?

Volte ao texto da página anterior e sublinhe a palavra **sofá** toda vez que encontrá-la.

De acordo com o texto, responda às perguntas com um desenho e uma palavra.

✪ Quem é o personagem principal do texto?

✪ O que Saulo tomou?

✪ O que Saulo sujou?

Leia a frase e copie-a.

— *Saulo, você sujou o sofá?*

telefone

telefone

🤡 Cubra o tracejado da letra **t** e continue escrevendo-a.

T T t t
T T

🤡 Leia a família do **t**, cubra o tracejado dela e copie-a.

ta	te	ti	to	tu
ta	te	ti	to	tu

Ta	Te	Ti	To	Tu
Ta	Te	Ti	To	Tu

🤡 Escreva cada sílaba em um quadrinho e pinte de **azul** a sílaba que se repete nas três palavras. Depois, conte as sílabas de cada palavra e escreva o total nos quadrinhos.

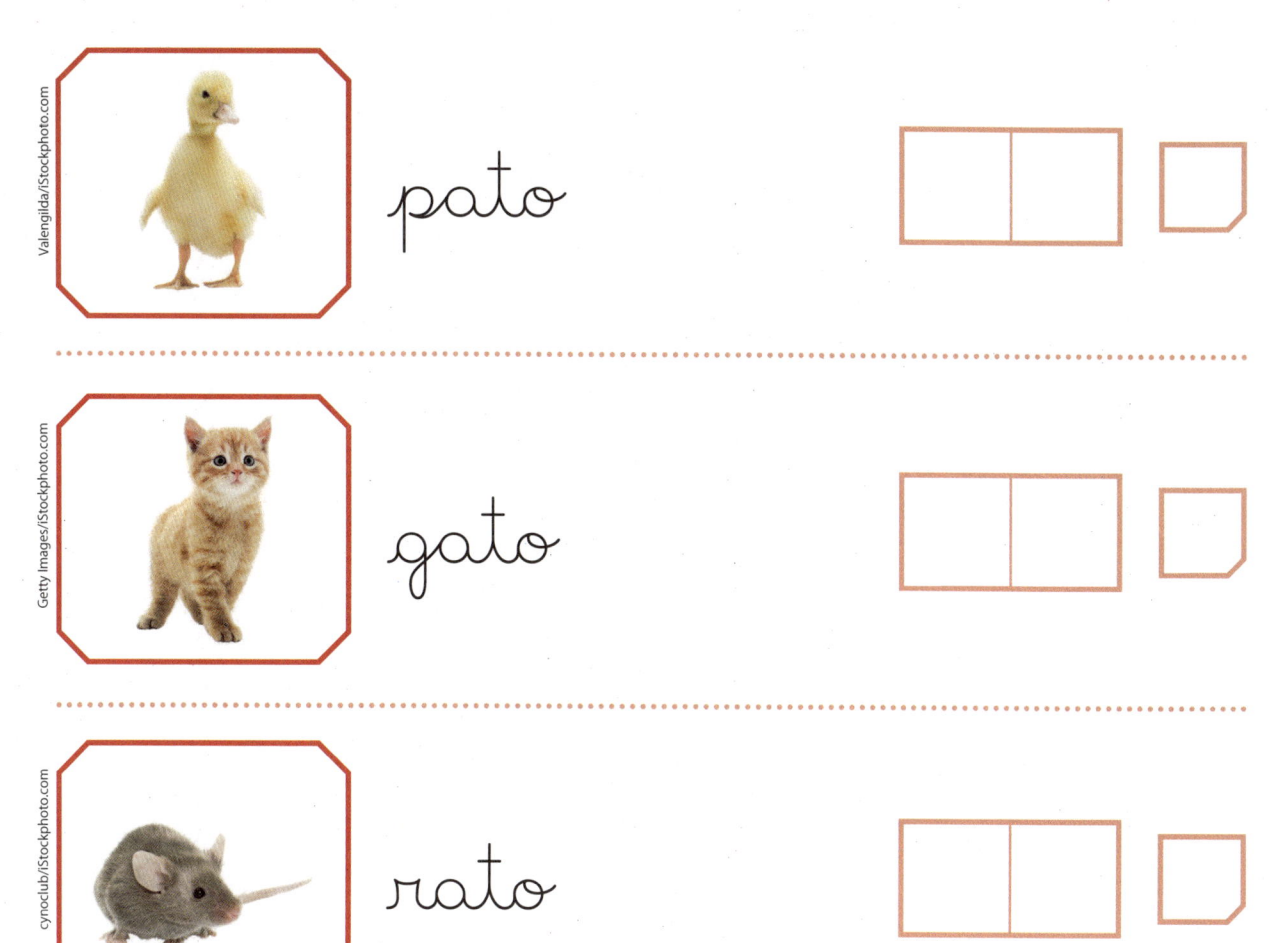

pato

gato

rato

🤡 Leia as frases abaixo. Depois, sublinhe e copie somente aquela que combina com a cena. Por fim, pinte a cena.

A rã pulou na roupa de Rui.
O rato roeu a roupa do rei.
Rita é rica.

75

Pinte a cena e leia o texto.

Lorena Kaz

Talita e o sapato

O sapato de Talita é novo.
Titia deu o sapato a Talita.
Talita fala:
— O sapato é muito bonito!

Texto escrito especialmente para esta obra.

— O que a irmã e o irmão de seus pais são de você?
— Você tem tias e tios? Qual é o nome deles?

Volte ao texto da página anterior e circule a palavra **sapato** toda vez que encontrá-la.

Leia as frases a seguir. Depois, pinte e copie nas linhas somente as que aparecem no texto que você leu.

O sapato de Talita é novo.

_____

Titia deu o sapato a Tiago.

_____

Titia deu o sapato a Talita.

_____

Talita bota fita no cabelo.

_____

Encontre e pinte os sapatos que formam par.

77

vovô

vovô

🤡 Cubra o tracejado da letra **v** e continue escrevendo-a.

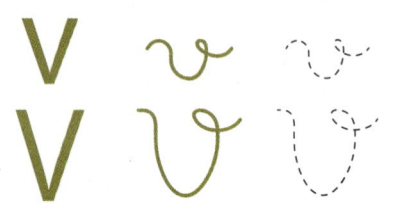

V v v
V v v

🤡 Leia a família do **v**, cubra o tracejado dela e copie-a.

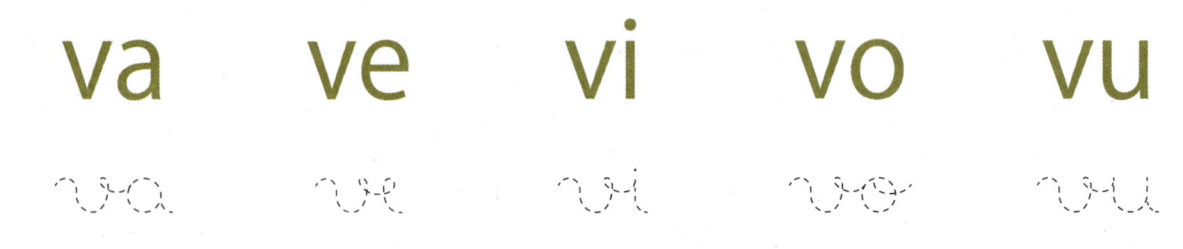

| va | ve | vi | vo | vu |

| Va | Ve | Vi | Vo | Vu |

— **Quais sílabas formam cada palavra?**

Ligue as fichas às palavras formadas.

va	ca		ave
pa	vão		vela
a	ve		vaca
ve	la		pavão

Ordene as sílabas e escreva o nome de cada figura.

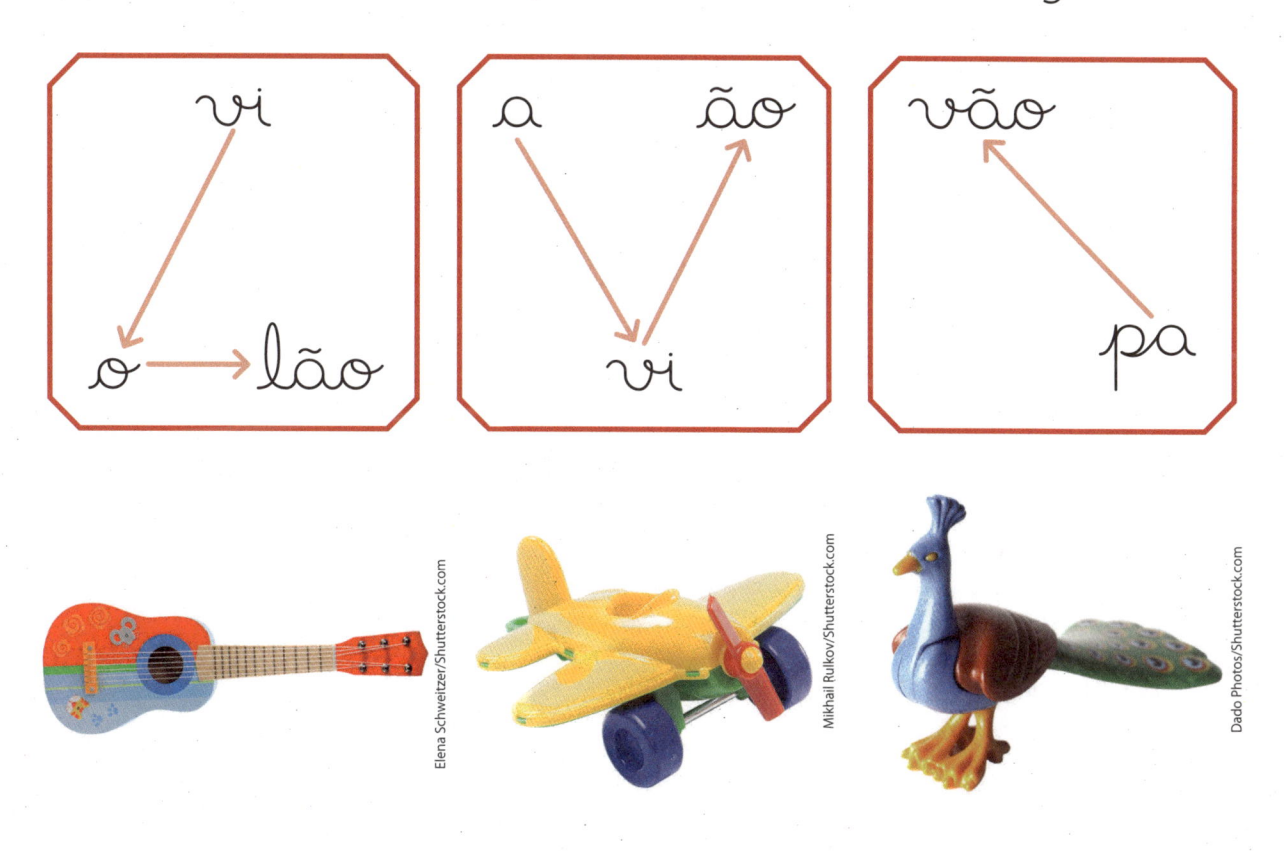

vi → o → lão

a → vi → ão

vão ← pa

_____   _____   _____

Pinte o pavão e leia o texto.

O pavão de Davi

Vovó Eva deu um pavão ao menino Davi.
O pavão é uma ave.
A cauda do pavão é bonita.
Davi falou:
— Viva, viva meu pavão!

Texto escrito especialmente para esta obra.

— Você já viu um pavão de verdade?
— Sabe como se chama a fêmea do pavão?
— Você sabia que os pavões são animais de criação que vivem em fazendas e meios rurais?

🤡 Volte ao texto da página anterior e sublinhe a palavra **pavão** toda vez que encontrá-la.

🤡 Escreva o nome do animal citado no texto. Depois, desenhe os outros personagens e escreva o nome deles.

🤡 Complete as frases de acordo com o texto e copie-as.

O pavão é uma _____.

— Viva, viva meu _____!

xilofone

xilofone

🤡 Cubra o tracejado da letra **x** e continue escrevendo-a.

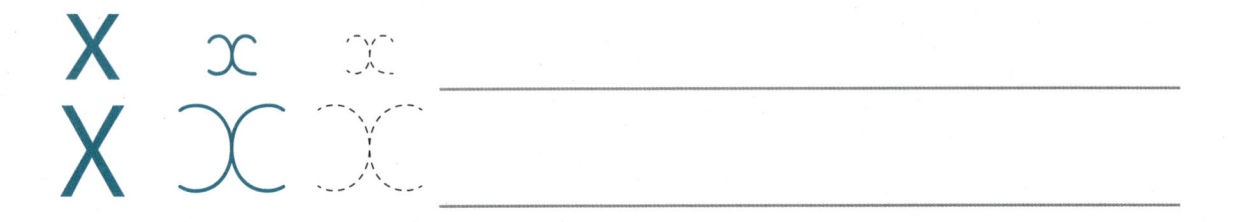

x x x
X X X

🤡 Leia a família do **x**, cubra o tracejado dela e copie-a.

xa xe xi xo xu

xa xe xi xo xu

Xa Xe Xi Xo Xu

Xa Xe Xi Xo Xu

🤡 Marque as palavras de acordo com os modelos.

lixo ✗
luxo ✚
lixa ⭕

lixo	lixa	luxo
luxo	lixo	lixa
luxo	luxo	lixo
lixa	lixa	luxo
lixo	lixo	lixa

🤡 Leia as frases e sublinhe a que representa cada imagem.

O xale é de luxo.

A caixa é roxa.

Ximena come ameixa.

A bexiga voa.

O abacaxi é meu.

O peixe nada.

Pinte a cena e leia o texto.

O X

O X está na xícara,
Na ameixa e no abacaxi.
Está na caixa da Ximena,
no xale e no xixi.

Texto escrito especialmente para esta obra.

— Você gosta de ameixa?
— Já tomou suco de abacaxi?

Volte ao texto da página anterior e circule todas as palavras em que aparece a letra **x**.

— Qual é o nome da menina que aparece no texto?

Ligue a menina ao nome dela.

Xaxá

Xuxa

Ximena

Circule e copie somente as palavras que aparecem no texto.

xícara   roxo   xixi

caixa   Ximena   puxa

ameixa   xale   xexéu

bexiga   xodó   abacaxi

zebra

zebra

🤡 Cubra o tracejado da letra **z** e continue escrevendo-a.

z z z _____

Z Z Z _____

🤡 Leia a família do **z**, cubra o tracejado dela e copie-a.

za	ze	zi	zo	zu
za	ze	zi	zo	zu

Za	Ze	Zi	Zo	Zu
Za	Ze	Zi	Zo	Zu

🤡 Siga as setas e escreva o nome de cada figura.

🤡 Conte as letras de cada palavra e escreva a quantidade.

🤡 Faça um **X** na palavra maior.

_____

_____ letras

_____

_____ letras

_____

_____ letras

🤡 Agora, descubra as palavras secretas observando as sílabas e as cores da legenda.

○ be   ○ go   ○ za   ○ ze
○ le   ○ do   ○ a   ○ mo

87

Pinte a cena e leia o texto.

Amizade

A amizade de Zeca e Zazá não é moleza.
É uma beleza de amizade.
Zeca é ajuizado.
Zazá é zelosa.

Texto escrito especialmente para esta obra.

— Você acha importante ter amizade com outras pessoas?

— Por que é legal ter um amigo?

— Você tem muitos amigos? Qual é o nome deles?

Volte ao texto da página anterior e circule a palavra **amizade** toda vez que encontrá-la.

Agora, desenhe nos quadros os personagens do texto e escreva o nome deles.

Complete as frases de acordo com o texto e copie-as.

Zeca é _____.

_____

_____ é zelosa.

_____

As letras k, w e y

Estas letrinhas de origem estrangeira foram incorporadas a nosso alfabeto.

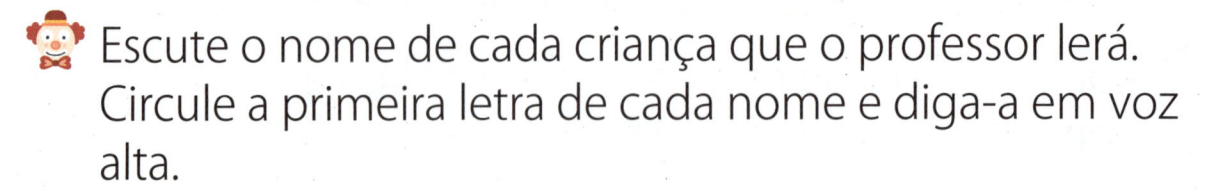

🤡 Escute o nome de cada criança que o professor lerá. Circule a primeira letra de cada nome e diga-a em voz alta.

🤡 Cubra o tracejado das letras **k**, **w** e **y** e copie-as nas linhas. Depois, recorte-as de revistas e cole-as nos quadros.

Karen   Willian   Yasmin

Alfabeto

Escreva a letra inicial do nome de cada figura.

— **Vamos completar o quadro de sílabas?**

	a	e	i	o	u
b					
c					
d					
f					
g					
j					
l					
m					
n					
p					
r					
s					
t					
v					
x					
z					

Sílabas complexas

Complete as palavras com uma das sílabas dos círculos. Depois, leia e repita cada palavra.

ra   re   ri   ro   ru

co◯ja _____

cadei◯ _____

pi◯lito _____

ga◯to _____

pe◯◯ca _____

🤡 Em cada linha, conte as sílabas e escreva o número correspondente a essa quantidade. Depois, junte as sílabas, forme a palavra e escreva-a.

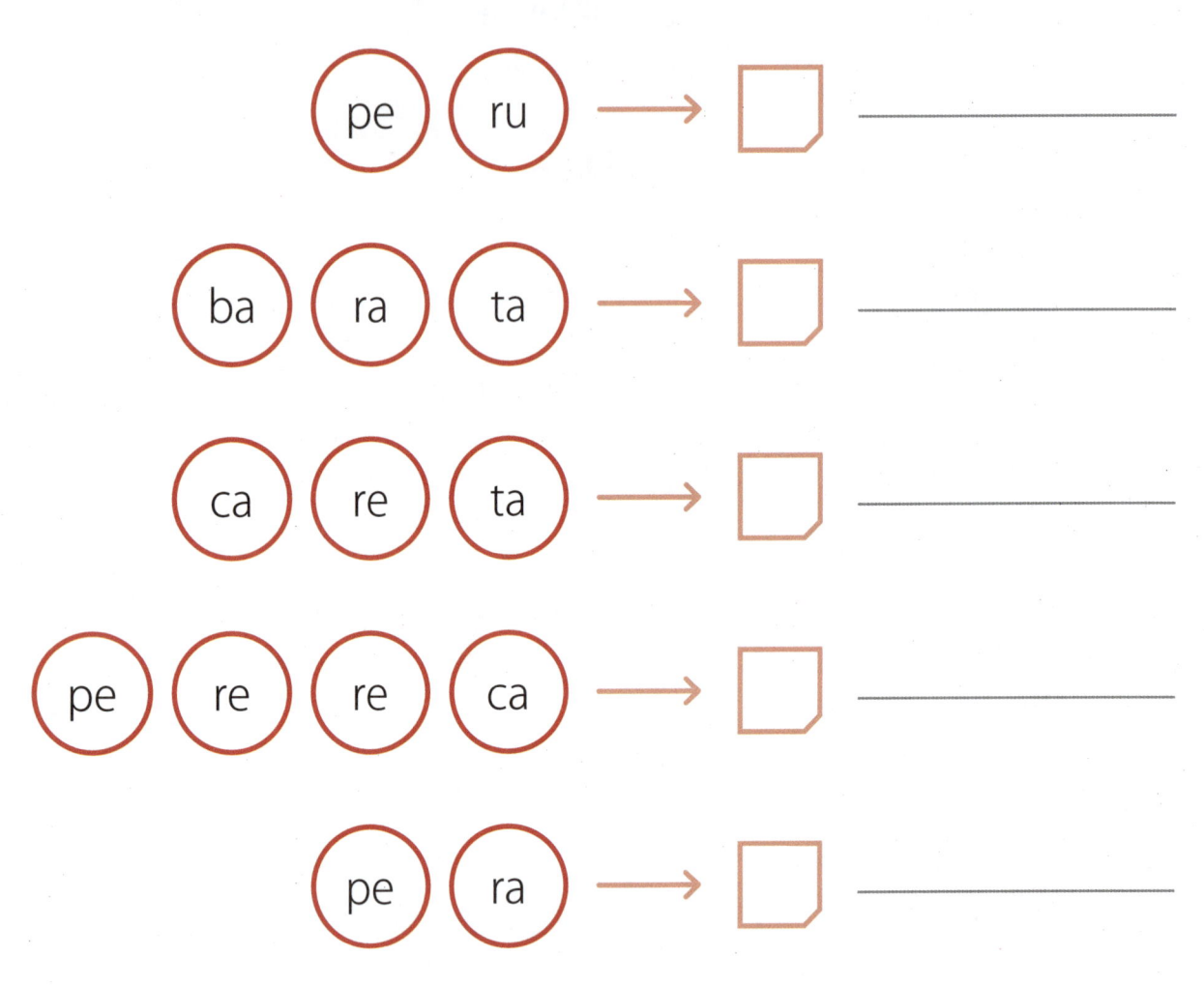

(pe) (ru) → ☐ _____

(ba) (ra) (ta) → ☐ _____

(ca) (re) (ta) → ☐ _____

(pe) (re) (re) (ca) → ☐ _____

(pe) (ra) → ☐ _____

🤡 Leia as frases e copie a que combina com a cena.

Mara viu uma barata.
A garota comeu a pera.
A roupa de Mara é amarela.

_____

🤡 Leia o texto.

A garota xereta

Mariana é uma garota.
Ela é muito xereta.
Mariana faz careta
Para dona Marieta.

Texto escrito especialmente para esta obra.

— Você já fez careta?
— Vamos fazer uma careta bem engraçada?

🤡 Circule no texto as três palavras que rimam e pinte as letras que se repetem no final de cada uma delas.

🤡 Pinte a palavra que completa o texto. Depois, desenhe dona Marieta.

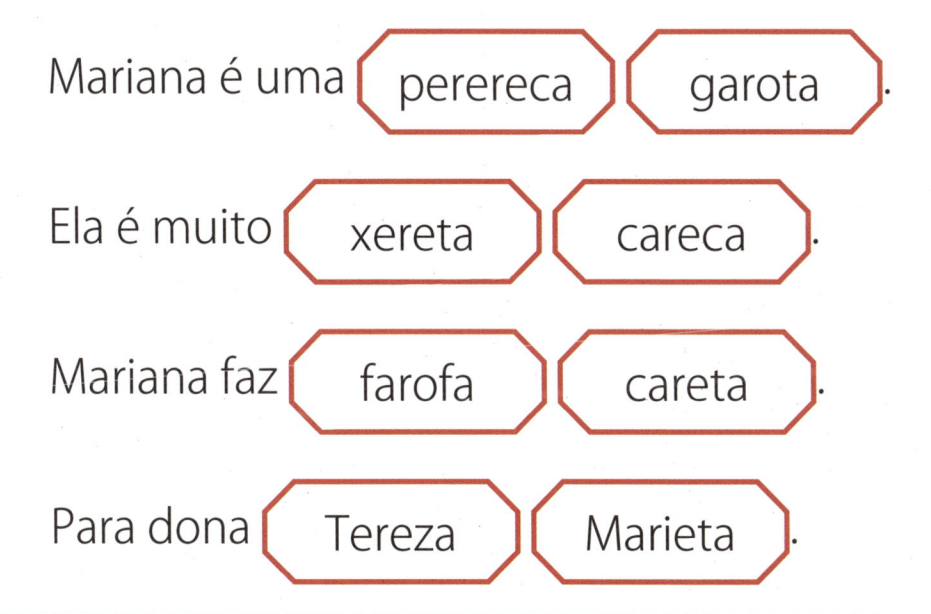

Mariana é uma (perereca) (garota).

Ela é muito (xereta) (careca).

Mariana faz (farofa) (careta).

Para dona (Tereza) (Marieta).

go**rr**o

gorro

🤡 Leia cada palavra, copie-a e faça um desenho para representá-la.

carro

jarra

barraca

garrafa

🤡 Leia as palavras pronunciando-as com atenção. Depois, copie-as nos quadros adequados.

carro

caro

fera

ferro

muro

murro

marreco

rua

careta

carreta

r	rr

As letras rr são sempre separadas silabicamente.

🤡 Separe as sílabas das palavras.

torrada _____ _____ _____

barriga _____ _____ _____

barraca _____ _____ _____

corrida _____ _____ _____

barro _____ _____

gorro _____ _____

burro _____ _____

jarra _____ _____

97

Leia e cante a cantiga.

Eu sou rica, rica, rica,
De marré, marré, marré.
Eu sou rica, rica, rica,
De marré deci.

Cantiga.

— Você já brincou recitando essa cantiga? Em qual brincadeira ela é usada?

Circule no texto a palavra **marré** toda vez que encontrá-la.

Copie a cantiga.

ca**s**a

casa

🤡 Ligue cada imagem à palavra correta. Depois, escreva essa palavra.

- vaso
- mesa
- rosa

_____

- raposa
- besouro
- camisa

_____

- asa
- casaco
- tesoura

_____

99

Circule a frase que você pode formar com as palavras coloridas. Depois, copie-a.

amoroso

José

é

José é vaidoso.

José é amoroso.

José é cuidadoso.

besouro

o

voa

Maísa viu o besouro.

O besouro voa.

O besouro é guloso.

rosa **Isa**

usa

o **casaco**

O casaco é de Isa.

Isa usa o casaco rosa.

O casaco é pesado.

de **Rosana**

A **é**

rosa

A asa é de Rosana.

A rosa é de Rosana.

A rosa é de Maísa.

🤡 Leia o texto.

O besouro saiu todo animado para brincar e se divertir. Ele ficou tão cansado que acabou de cair.

Texto escrito especialmente para esta obra.

— Você já viu um besouro de perto?
— O que você sabe sobre besouros?
— Vamos imitar um besouro animado?

🤡 Circule no texto a palavra **besouro**.

🤡 Pinte o besouro abaixo e ligue a ele somente as palavras que aparecem no texto.

amarelado

bonito

animado

cansado

desajeitado

desanimado

irritado

coitado

pássaro
pássaro

🤡 Complete cada palavra com as letras que faltam e forme o nome das figuras. Depois, pinte-as.

osso			
o			o
	s	s	

gesso			
g	e		o
	e	s	

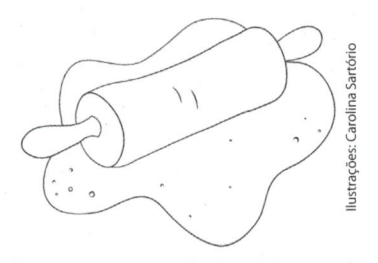

massa			
	a		a
m		s	s

pessoa			
p	e		a
	s	o	a

pêssego			
ê		g	o
pê	s		g

102

As letras **ss** são sempre separadas silabicamente.

Separe as sílabas das palavras.

pêssego _____ _____ _____

passado _____ _____ _____

assado _____ _____ _____

pássaro _____ _____ _____

sossego _____ _____ _____

sucesso _____ _____ _____

missa _____ _____

massa _____ _____

tosse _____ _____

osso _____ _____

Complete as palavras com s ou ss.

pa__eio   __apo   ro__a

__abão   me__a   va__o

ma__a   i__o   ge__o

pe__oa   a__ado   __elo

__apato   __ino   __ofá

__alada   o__o   pa__o

Leia o texto.

O pássaro
O pássaro no pé de pêssego
Sossegado passeava.
Ele bicava cada pêssego
E assobiava.

Texto escrito especialmente para esta obra.

— O que você acha que os passarinhos gostam de fazer?
— Acha correto criar passarinhos em gaiolas?
— Vamos imitar um passarinho cantando e voando?

Sublinhe o título do texto.

Identifique a resposta correta pintando-a.

Qual bicho passeava sossegado?

Qual fruta o pássaro bicava?

104

cerejas

cerejas

ce - ci

🤡 Em cada quadro, pinte a figura, circule as sílabas que formam o nome dela e escreva a palavra formada.

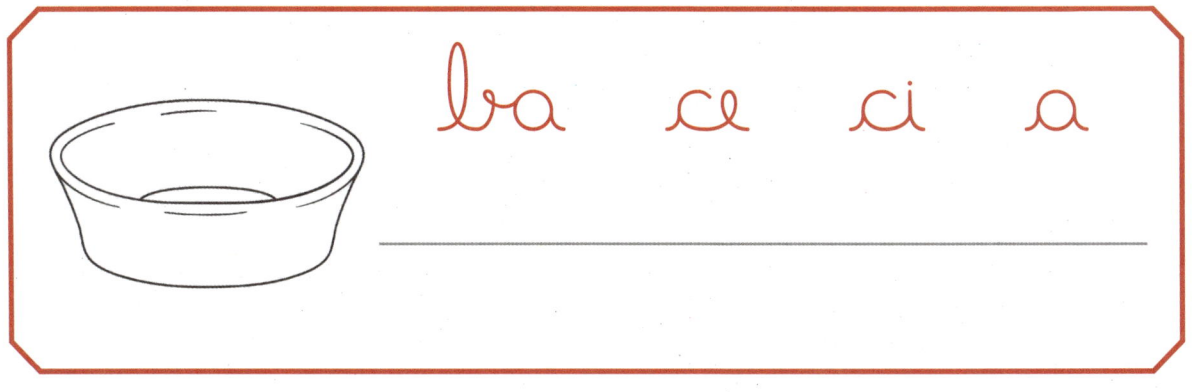

ci   nou   ce   ra

_____

bo   la   se   ce

_____

ba   ce   ci   a

_____

🤡 Em cada quadro, circule a frase que você pode formar com as palavras em **roxo**. Depois, copie-a.

cereja   **O**

é

doce   **de**

O doce é de cereja.

A sopa é de cebola.

O saci come cereja.

---

cinema

Célia

ao   **vai**

Célia vai à cidade.

Célia vai ao cinema.

Célia vai ao circo.

---

a

Ceci

tomou   **vacina**

Ceci comeu cenoura.

A bacia é de Ceci.

Ceci tomou a vacina.

---

macio

é

O   **tecido**

O tecido é macio.

A cebola é macia.

O saci é macio.

Leia o trava-língua e repita-o em voz alta.

O doce perguntou pro doce:
— Qual é o doce mais doce?
O doce respondeu pro doce:
— O doce mais doce é
o doce de batata-doce.

Trava-língua.

— Você já comeu algum doce? De quê?
— Quais tipos de doce você conhece?
— Você sabia que comer doce em excesso faz mal à saúde?

Pinte no texto a palavra **doce** toda vez que você a encontrar.

Complete o trava-língua com a palavra **doce**.

O doce perguntou pro _____:
— Qual é o _____ mais _____?
O _____ respondeu pro _____:
— O _____ mais _____ é
o _____ de batata-_____.

girafa

girafa

ge - gi

— **Quantas vezes podemos formar a palavra gelo?**

Circule, com cores diferentes, a palavra **gelo** toda vez que conseguir formá-la. Depois, conte e anote quantas vezes você a formou. Veja o modelo.

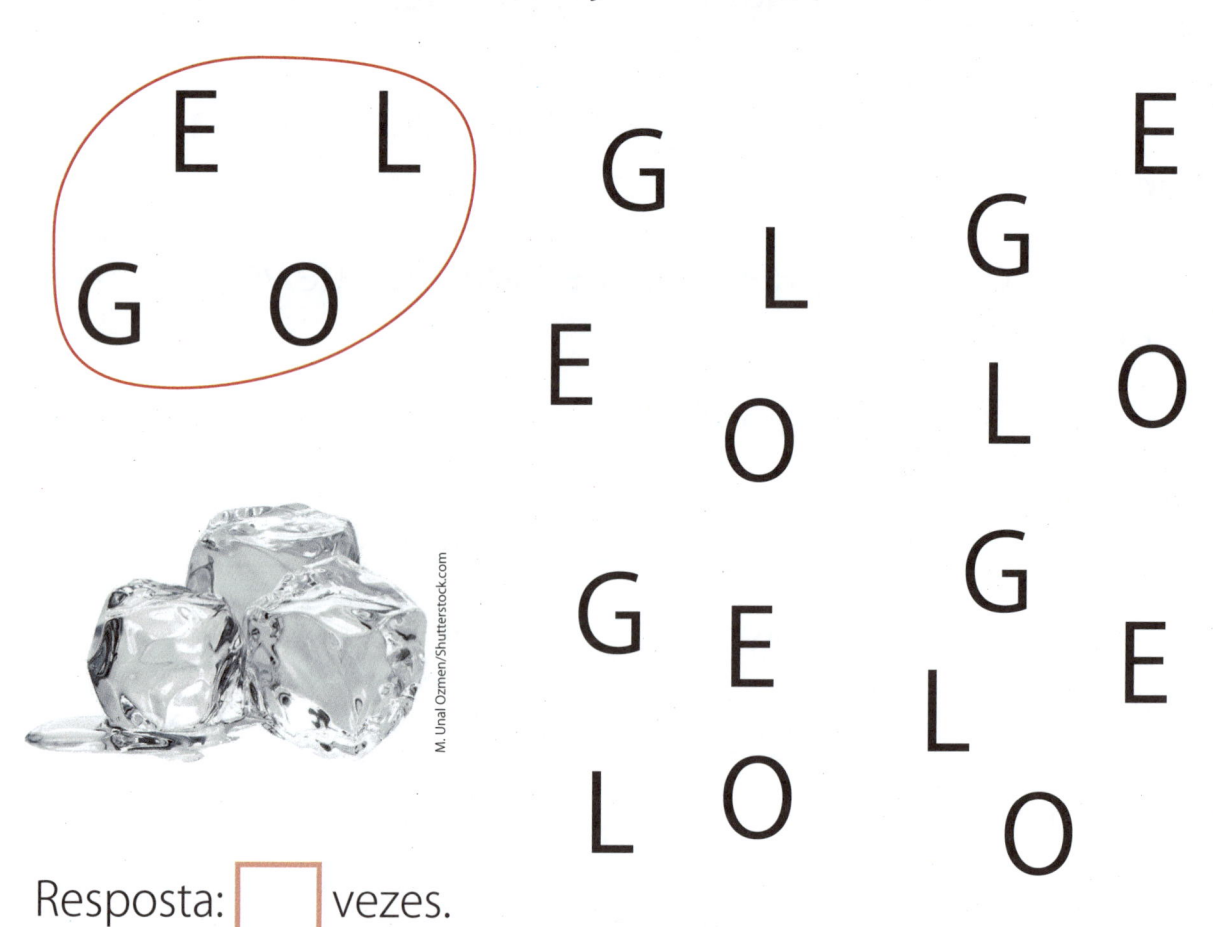

Resposta: ☐ vezes.

Leia as palavras com atenção e circule de **azul** as que têm a sílaba **ge** e de **verde** as que têm a sílaba **gi**.

Depois, copie-as na respectiva coluna.

gibi
gemada
página
vigia
gelado
geleia
gilete
rugido
tigela
gelo

ge

gi

Separe as sílabas das palavras e escreva quantas sílabas há em cada uma delas. Depois, pinte a palavra que tem mais sílabas.

mágico

gibi

geladeira

gelo

Leia o texto.

Regina e Gino

Regina é uma menina.
Gino é um menino.
Gino é gêmeo de Regina.
Regina come gelatina.
Gino come pepino.

Texto escrito especialmente para esta obra.

— Você conhece irmãos gêmeos?

— Qual é o nome deles?

— Em sua opinião, por que Regina come gelatina e Gino come pepino?

Circule no texto as palavras que rimam com **Regina** e sublinhe aquelas que rimam com **Gino**.

Leia as palavras e ligue-as ao personagem com o qual combinam, de acordo com o texto.

menina

menino

Regina

Gino

gelatina

pepino

ca**ch**orro

cachorro

cha - che - chi - cho - chu

🤡 Descubra quais são as figuras sobrepostas e pinte-as com as cores indicadas. Depois, escreva o nome das imagens que você encontrou.

_____

_____

_____

Ao separar as sílabas das palavras em que aparece ch, a letra c fica juntinho da letra h e da vogal que vem depois dela.

🤡 Leia as palavras e escreva-as com letra cursiva. Depois, pinte cada sílaba de uma cor.

chocolate _____   chicote _____

choro _____   chupeta _____

chuva _____   chinelo _____

mochila _____   chave _____

🤡 Leia as frases, circule a que combina com a figura e copie-a na linha. Depois, invente e escreva uma frase com a mesma figura.

Chico come chocolate.

Chico come bolacha.

Chico joga boliche.

_____

_____

112

Leia o texto.

[...]
Achei um guarda-chuva
Velho e desbotado
Saí com ele na chuva
Estava todo furado!
[...]

Nye Ribeiro. **Achados e perdidos**.
Valinhos: Roda & Cia, 2010. p. 14-15.

— Você tem um guarda-chuva?
— Sabe o que é desbotado?
— O que achou desse texto?

Circule no texto as palavras **guarda-chuva** e **chuva**.

Pinte a figura que completa cada frase, de acordo com o texto.

Achei um...

Saí com ele na...

coelho

coelho

lha - lhe - lhi - lho - lhu

Pinte a sílaba que completa o nome da figura. Depois, copie a palavra formada e pinte as figuras.

lhi	lhe	lha	🐝	abe ☐
lho	lhi	lhe	🌽	mi ☐
lhu	lho	lhi	🥬	repo ☐
lha	lhi	lhe	🧱	te ☐

114

Complete as palavras com **lha** ou **lho** e ligue-as com **abelha** ou **repolho**, dependendo da rima.

o _____

ove _____

ferro _____

ore _____

abelha

repolho

— O que você notou nas palavras que rimam?

Separe as sílabas das palavras e ilustre-as.

| pilha | medalha | folha |

🤡 Leia o trava-língua da vaca malhada e aprenda-o.

**A vaca malhada
Foi molhada
Por outra vaca
Molhada e malhada.**

Trava-língua.

— Você gosta de brincar de recitar trava-línguas?
— Vamos falar bem rápido o trava-língua da vaca malhada?

🤡 Pinte no texto as palavras **molhada** e **malhada**.

🤡 Copie o trava-língua separando as palavras abaixo. Coloque uma palavra em cada espaço.

Avacamalhada

Foimolhada

Poroutravaca

Molhadaemalhada

mi**nh**oca

minhoca

nha - nhe - nhi - nho - nhu

🤡 Leia cada palavra, copie-a e faça um desenho para representá-la.

galinha

rainha

passarinho

joaninha

Siga o modelo e continue a atividade.

balde — baldinho

bola — ___

carro — ___

dado — ___

caixa — ___

sapo — ___

cavalo — ___

coelho — ___

girafa — ___

Leia o texto.

**A galinha do vizinho
Bota ovo amarelinho,
Vermelhinho,
Azulzinho,
Roxinho,
Verdinho...
Veja que bonitinho!**

Texto escrito especialmente para esta obra.

— Você já viu uma galinha de verdade?
— E já viu ovos de galinha? Eles eram coloridos?

Sublinhe no texto as palavras que terminam com **inho**.

Identifique a resposta correta pintando-a.

A personagem do texto é uma...

Desenhe os ovos da galinha do vizinho e pinte-os.

borboleta
borboleta

ar – er – ir – or – ur

🤡 Siga as setas, forme palavras e escreva-as.

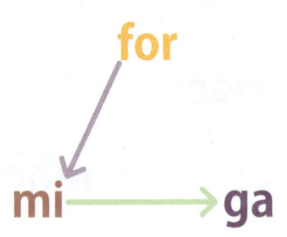

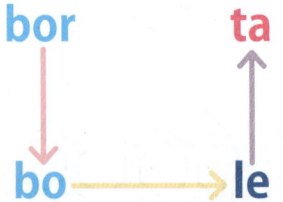

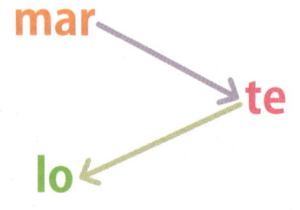

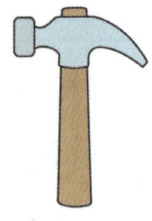

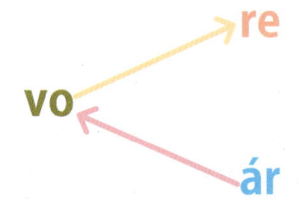

for → mi → ga

bor → ta
↓   ↑
bo → le

mar
  ↘
   te
  ↗
lo

     re
    ↗
vo
    ↖
     ár

120

🤡 Observe a primeira frase. Nas outras falta uma palavra. Descubra qual é e escreva-a nos quadros.

Marcelo bate o martelo.

Bate o martelo ▢

Marcelo bate o ▢

Marcelo o martelo ▢

🤡 Pinte as imagens e ligue cada uma ao seu nome. Depois, separe as sílabas das palavras.

• argola ▢ ▢ ▢

• árvore ▢ ▢ ▢

• regador ▢ ▢ ▢

• porta ▢ ▢

• barco ▢ ▢

• circo ▢ ▢

🤡 Leia o texto.

Lagarta comilona
Eita, lagartinha comilona!
Não pode ver uma folha.
— Para com isso, minha bichinha,
Senão você estoura.

Texto escrito especialmente para esta obra.

— Você já viu uma lagarta?
— Onde vivem as lagartas? E de que elas se alimentam?

🤡 Circule no texto a palavra **lagartinha**. Depois, pinte a palavra que tem o mesmo som final que ela.

🤡 Pinte a lagartinha, invente um nome para ela e escreva-o no quadro. Depois, pinte os espaços em que aparecem pontinhos e descubra no que ela vai se transformar.

ônibus

ônibus

as – es – is – os – us

🤡 Siga as setas, forme palavras e escreva-as.

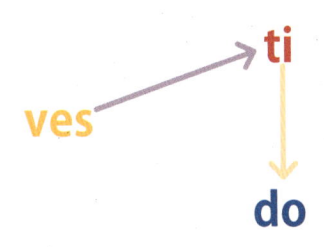

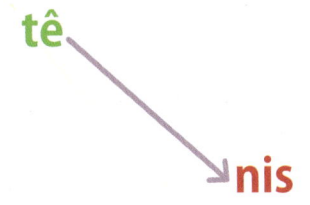

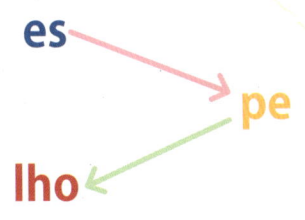

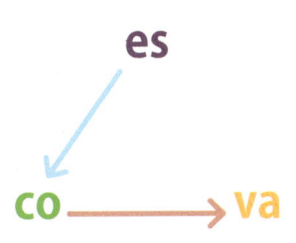

ves → ti ↓ do

tê → nis

es → pe ← lho

es ↓ co → va

Siga o modelo e continue a atividade.

a boneca

as bonecas

a bola

o patinho

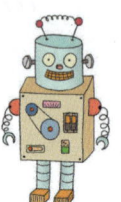

o robô

o ursinho

Leia o texto.

Tão lindas as aranhas
Tão belas, tão eternas
Pois caem do teto
E não quebram as pernas.

Qorpo Santo. Domínio público.

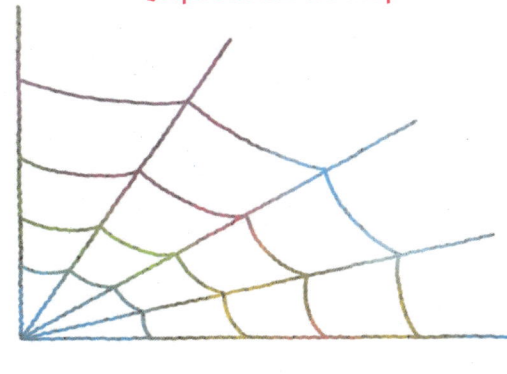

— Você já viu uma aranha?
— Onde vivem as aranhas?
— Você sabia que algumas aranhas são venenosas e a picada delas pode causar problemas aos seres humanos?

Pinte as palavras no texto de acordo com a legenda.

| aranhas | belas | pernas | lindas | eternas |

Agora, copie nas linhas o texto das aranhas com letra cursiva.

_____

_____

_____

_____

anel

anel

al – el – il – ol – ul

🤡 Em cada coluna, circule a palavra que é igual ao modelo e ilustre-a.

pincel	Sol	sal	pastel
papel	anzol	coral	pastel
pincel	futebol	sal	gel
mel	Sol	funil	Isabel

🤡 Junte as sílabas da mesma cor para formar palavras. Depois, escreva as palavras nos quadrinhos de acordo com a cor.

an	tal	pul	co	sei
sol	ra	da	zol	fu
a	te	zul	bol	do

🤡 Agora, separe as sílabas das palavras.

Carnaval ○ ○ ○   papel ○ ○

caracol ○ ○ ○   jornal ○ ○

futebol ○ ○ ○   anel ○ ○

palmito ○ ○ ○   balde ○ ○

Leia o texto.

A partida de futebol

Raul joga futebol.
Ele é do time azul.
Raul joga para a rede e...
É gol! Gol de Raul!
Palma, palma! Raul é genial!

Texto escrito especialmente para esta obra.

— Por que Raul é genial?
— O que é preciso para jogar futebol?

Pinte no texto a palavra **gol** toda vez que encontrá-la.

Pinte a figura que responde à pergunta.

O que Raul estava jogando?

Pinte a camisa com a cor do time de Raul. Depois, complete a frase.

A camisa de Raul é _____.

anjo

anjo

am – em – im – on – um

Complete o diagrama de palavras.

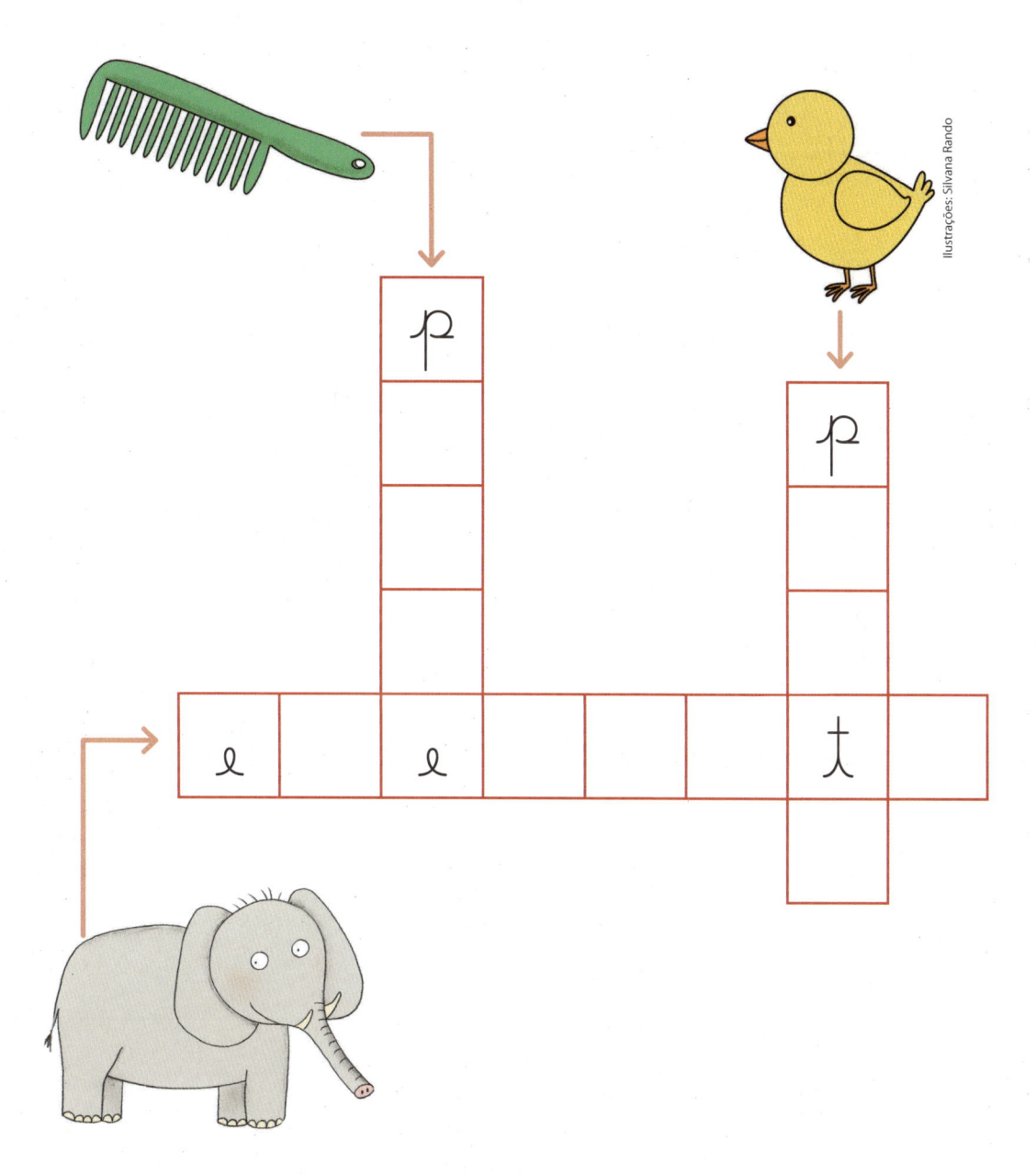

🤡 Leia as palavras apontando cada sílaba com o dedo. Depois, sublinhe as sílabas que tenham **an**, **en**, **in**, **on**, **un**.

cinto	elefante	gente	pincel
pingo	ponte	mundo	anjo
banco	gengiva	lindo	dente

🤡 Leia as frases e circule a que combina com cada cena. Copie-a na linha e, depois, crie uma frase diferente para cada imagem.

Nanda pinta com o pincel.
Nanda toca sanfona.
Nanda canta uma cantiga.

_____

_____

Bento está pulando.
Bento está sentado.
Bento está dançando.

_____

_____

130

Leia o texto.

Voa, borboleta, voa!
Como é bom voar,
Ficar de lá para cá.
Voar feito uma tonta...
Deixe, pois não é da sua conta!

Texto escrito especialmente para esta obra.

— O que quer dizer a expressão "voar feito uma tonta"?
— Se você fosse uma borboleta, para onde gostaria de ir voando?
— O que você achou desse texto?

Circule no texto a palavra que rima com **tonta**.

Leia abaixo o texto da borboleta, embaralhado, e organize-o enumerando os quadrinhos na ordem certa.

☐ Voar feito uma tonta...

☐ Deixe, pois não é da sua conta!

☐ Como é bom voar,

☐ Ficar de lá para cá.

t**am**bor

tambor

am – em – im – om – um

🤡 Observe cada figura, circule as sílabas que formam o nome dela e escreva a palavra.

em   da   am   pa
_____

dim   dem   jar   dum
_____

bom   bam   bom
_____

Complete as palavras com m ou n.

giga__te
sa__ba
i__seto
te__po
bi__go

Antes de p e b só m se pode escrever.

fu__do
po__ba
u__bigo
bo__ba
ca__po

Siga o modelo e continue a atividade.

a) O cavalo corre. Os cavalos correm.

b) O peixe nada. _____

c) O pássaro voa. _____

d) A galinha cisca. _____

e) O pinto pia. _____

f) O sapo pula. _____

🤡 Leia o texto.

Quem comeu meu pudim?
— Será que foi o Joaquim?
— Ou será que foi o Serafim?
— Quem comeu meu pudim?
— Foi você, Martim?

Texto escrito especialmente para esta obra.

— Em sua opinião, o que pode ter acontecido para o menino do texto não saber quem comeu o pudim dele?

— Será que ele vai descobrir quem comeu o pudim?

— O que será que ele vai fazer?

🤡 Pinte no texto as palavras que rimam com **pudim**.

🤡 Faça um **X** somente no quadrinho dos nomes próprios de pessoas que aparecem no texto. Depois, faça uma **O** no quadrinho do nome que você daria ao dono do pudim.

☐ Bonfim   ☐ Serafim   ☐ Alvim

☐ Joaquim   ☐ Amorim   ☐ Martim

🤡 Pinte a figura cujo nome apareceu no texto e escreva-o na linha.

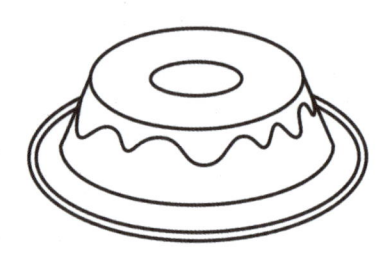

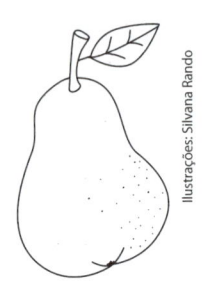

_____   _____   _____

guache
guache
gua - guo

🤡 Leia cada palavra, copie-a e faça um desenho para representá-la.

guaraná

água

guarda-sol

régua

Divida as frases e escreva-as com letra cursiva. Depois, pinte as palavras em que aparece a sílaba gua ou guar. Siga o modelo.

A|régua|está|guardada.

A régua está guardada.

TiaGuaracibebeuguaraná.

_____

Aéguatomaágua.

_____

Oguarda-solédoguarda.

_____

caran**gue**jo

caranguejo

gue - gui

🤡 Ligue cada imagem à palavra correta. Depois, copie a palavra.

- fogueira
- foguete
- foguinho _____

- guizo
- jegue
- águia _____

- coleguinha
- mangueira
- guitarra _____

Leia as palavras e pronuncie-as com atenção. Depois, copie-as nos quadros adequados.

coleguinha
foguete
guerra
águia
guizo
formiguinha
fogueira
guia
jegue
mangueira

gue	gui

Ditado de palavras.

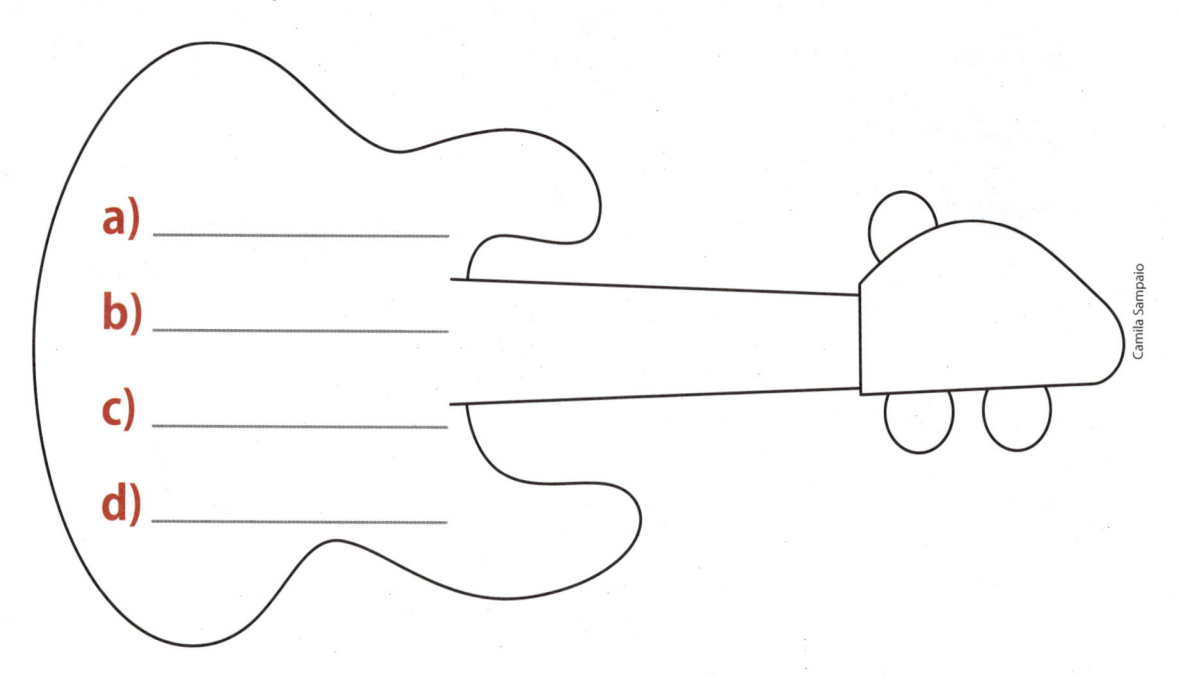

a) _____
b) _____
c) _____
d) _____

Leia e cante.

Caranguejo

Caranguejo não é peixe
Caranguejo peixe é
Caranguejo só é peixe
Na enchente da maré.

Palma, palma, palma
Pé, pé, pé
Roda, roda, roda
Caranguejo peixe é.

Cantiga.

— Você já viu um caranguejo de verdade?
— Sabe onde vivem os caranguejos?
— O que você achou dessa cantiga?

Pinte de **vermelho** a palavra **caranguejo** toda vez que encontrá-la no texto.

Sublinhe somente as frases que aparecem na cantiga.

Caranguejo não é polvo.
Caranguejo não é peixe.
Caranguejo só é peixe.
Na enchente da maré.

onça

onça

ça - ço - çu

🤡 Junte as sílabas, forme palavras e escreva-as nas respectivas colunas.

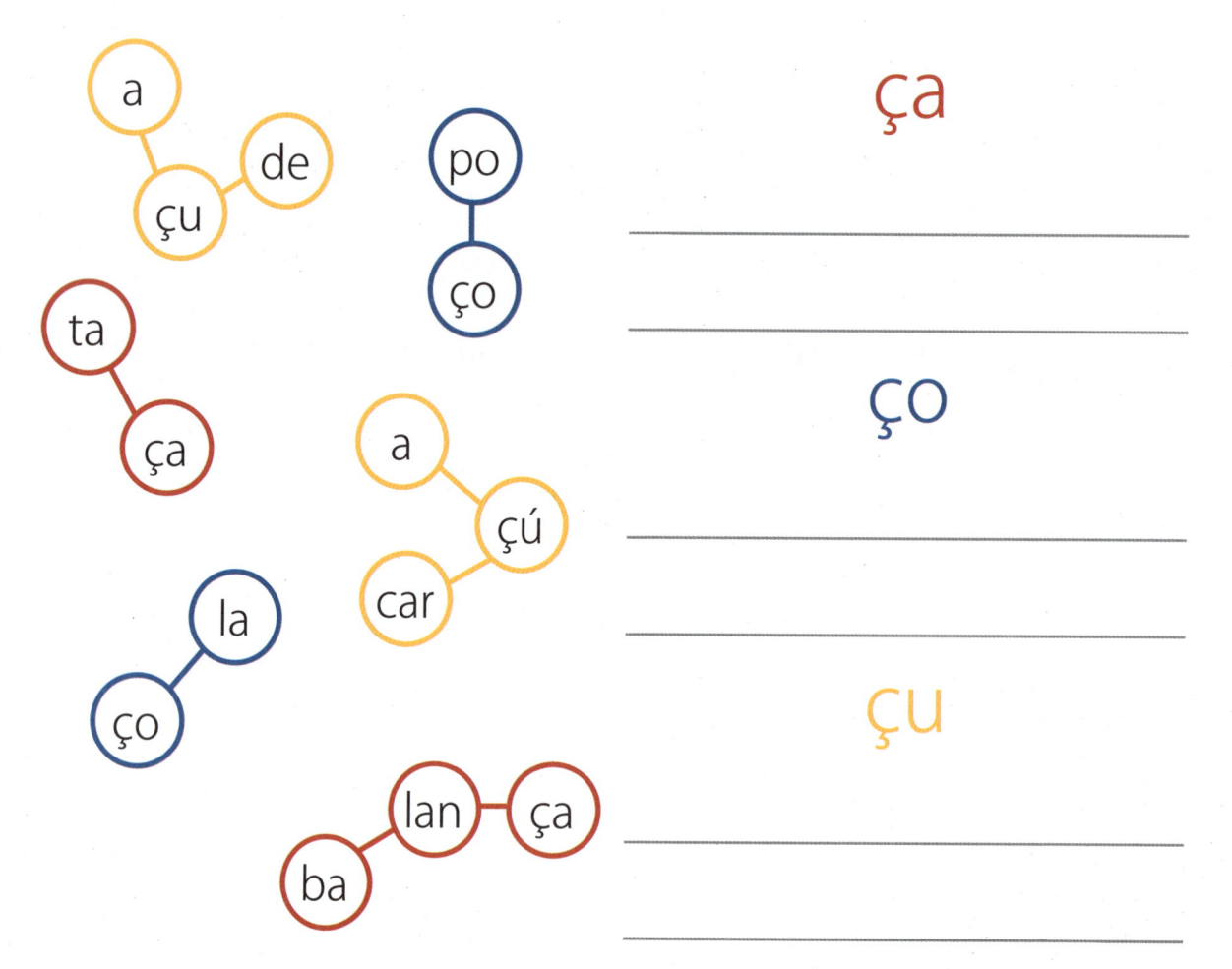

ça
_____
_____

ço
_____
_____

çu
_____
_____

Sublinhe o nome das figuras e copie-o na linha.

caroço
coração
calção

açude
soluço
açucareiro

laço
lenço
taça

_____   _____   _____

Copie as palavras trocando c por ç. Depois, leia as palavras formadas.

faca   louca   tranca

cocar   porção   forca

roca   taca

141

Leia o texto.

Palhaço
O palhaço Paçoca
Balança a pança
Quando dança
Na Praça da Esperança.

Texto escrito especialmente para esta obra.

Camila de Godoy

— Você gosta de palhaços?
— Onde você costuma ver palhaços?
— Que tal imitar um palhaço?

Pinte no texto as palavras que rimam com **pança**.

Responda às questões.

a) Qual é o título do texto?
_____

b) Qual é o nome do personagem do texto?
_____

c) O que o palhaço Paçoca faz?
_____

d) Qual é o nome da praça em que o palhaço dança?
_____

hipopótamo

hipopótamo

ha - he - hi - ho - hu

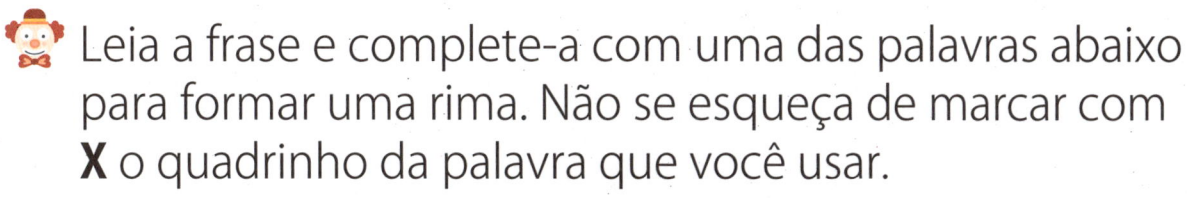

Leia a frase e complete-a com uma das palavras abaixo para formar uma rima. Não se esqueça de marcar com **X** o quadrinho da palavra que você usar.

Helena viu uma _____.

girafa  ☐   hiena  ☐   tigre ☐

143

Leia as palavras em destaque, encontre-as no diagrama e pinte-as. Marque um X em cada palavra encontrada. Depois, escreva-as com letra cursiva.

herói • hospital • hipopótamo
harpa • homem • humor

to	ha	he	rói	há
hi	po	pó	ta	mo
hu	mor	po	ho	mem
to	har	pa	lhi	he
he	a	hos	pi	tal

_____ _____ _____

_____ _____ _____

Leia o texto.

A hora

Hoje Horácio vai aprender
a dizer que horas são.
Ele olha o ponteiro pequeno.
Ele olha o ponteiro grandão.

Texto escrito especialmente para esta obra.

— Você já sabe dizer as horas?
— Que objeto usamos para saber as horas?
— Para que servem as horas?

Circule no texto a palavra **horas**.

Pinte o nome do personagem do texto.

Helena   Hugo   Horácio

Desenhe os ponteiros no relógio para marcar a hora em que você está fazendo esta atividade.

⭐ Que horas são? Escreva. _____

a**qu**ário

aquário

qua - quo

🤡 Pinte as imagens e ligue cada uma ao seu nome. Depois, separe as sílabas das palavras.

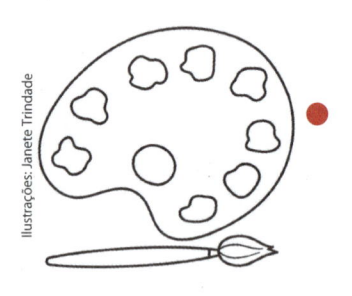

- quarenta
- quati
- aquarela

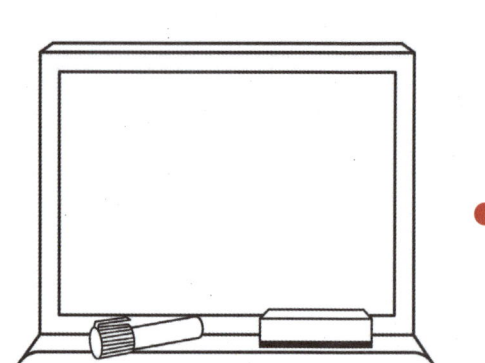

- quarto
- quadro
- quadrilha

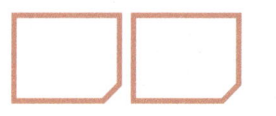

🤡 Conte as sílabas e escreva nos quadrinhos o número correspondente às quantidades. Depois, junte as sílabas para formar palavras e escreva-as.

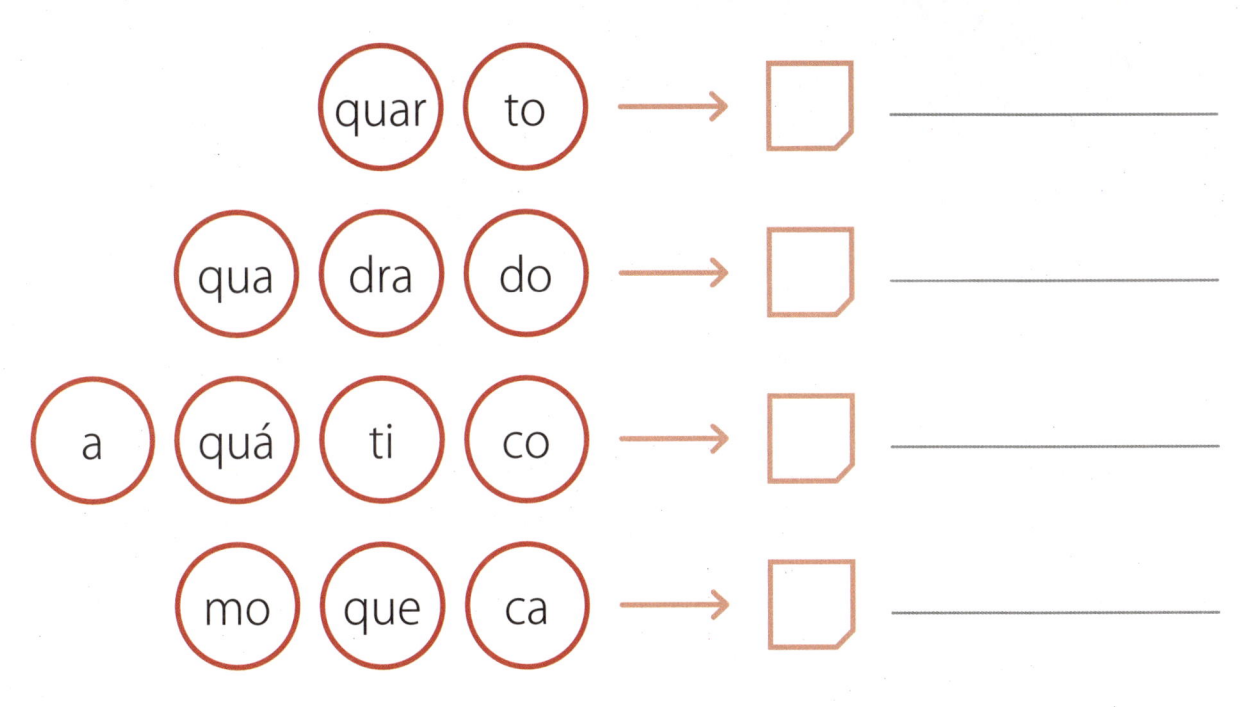

(quar) (to) → ☐ _____

(qua) (dra) (do) → ☐ _____

(a) (quá) (ti) (co) → ☐ _____

(mo) (que) (ca) → ☐ _____

🤡 Complete o desenho e pinte-o. Depois, escreva o nome da figura que aparecer.

_____

peri**qui**to

periquito

que - qui

🤡 Desembaralhe as letras cobrindo os tracejados e escrevendo-as nas bolinhas correspondentes, para descobrir o nome da figura. Depois, escreva-o na linha.

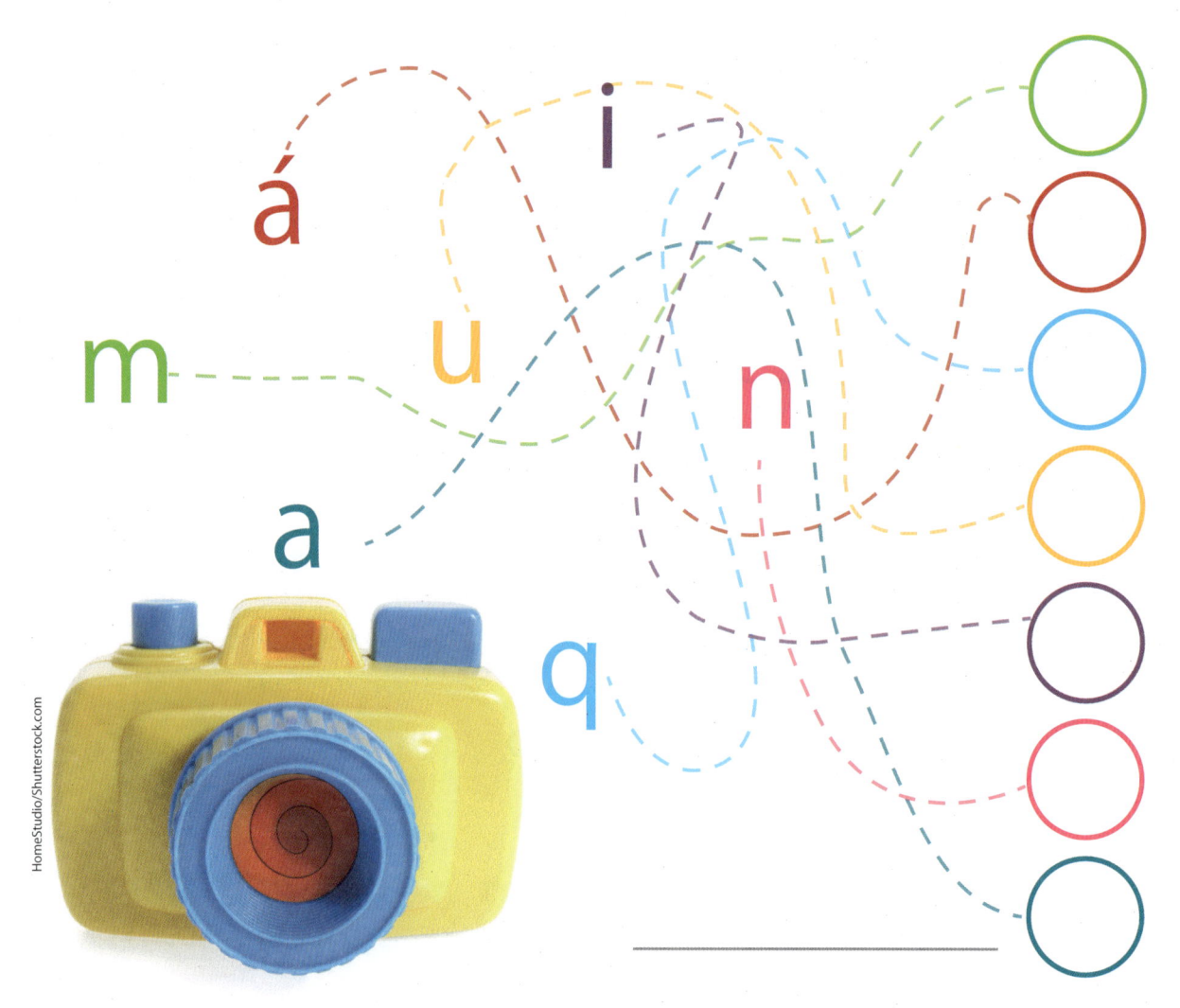

á i

m u n

a

q

_____

🤡 Siga o modelo e continue a atividade.

macaco *macaquinho*   vaca _____

boneca _____   porco _____

🤡 Pinte os queijos nos quais estão escritas as palavras que o professor ditar.

caqui   moleque   leque

queijo   moqueca   aquilo

Leia a parlenda.

Pipoquinha
Pula, pula, pipoquinha
Pula, pula sem parar
E depois dá uma voltinha
Cada um em seu lugar.

Parlenda.

— Você já conhecia essa parlenda?
— Você gosta de pipoca?
— Quem faz pipoca para você?
— Como é o barulhinho das pipocas pulando na panela?

Circule o título da parlenda.

Copie a parlenda com letra cursiva e faça um desenho no caderno para ilustrá-la.

cap**uz**

capuz

az - ez - iz - oz - uz

🤡 Pinte o quadrinho que completa o nome de cada figura. Depois, complete a palavra, copie-a e pinte as figuras.

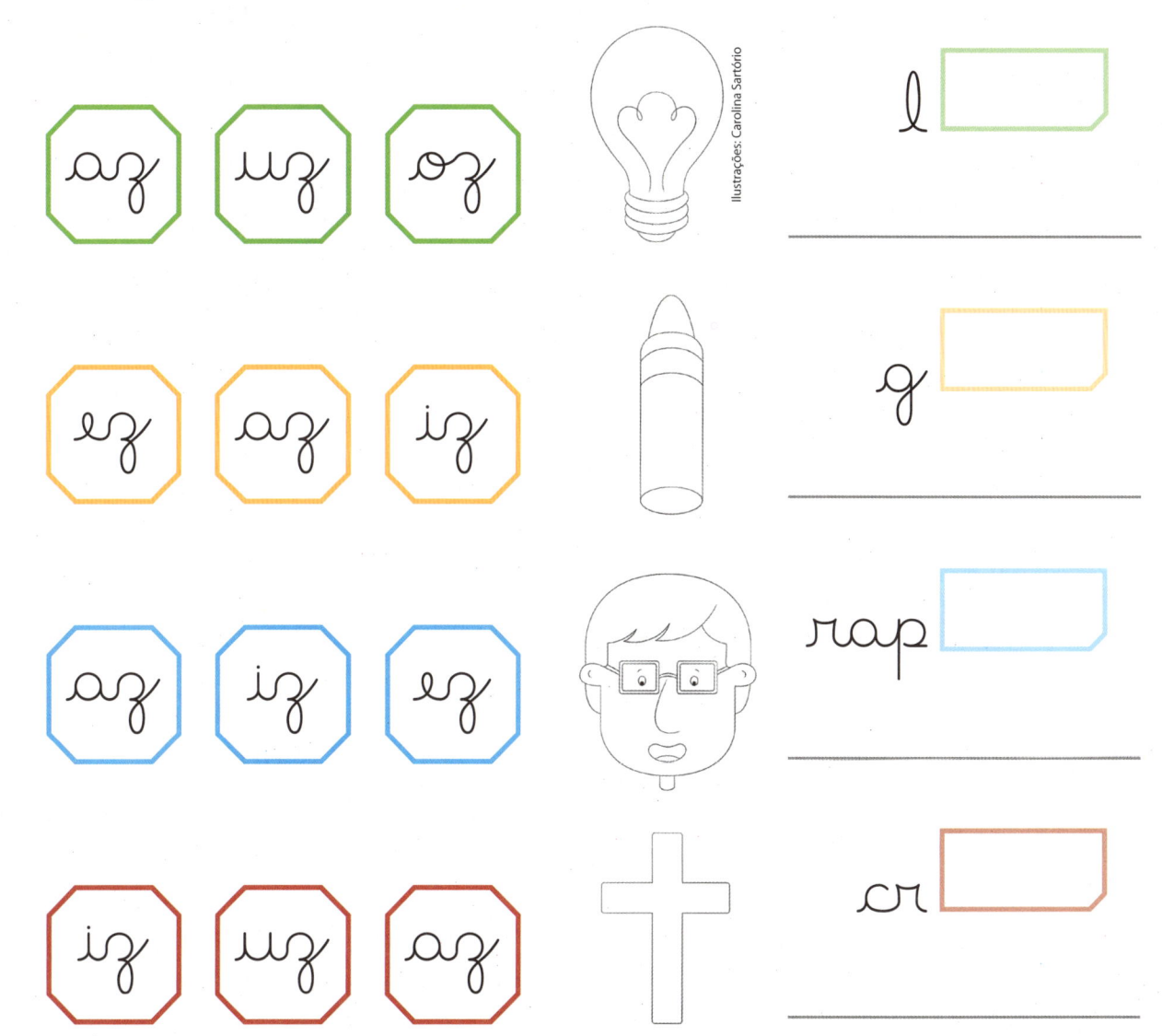

az *uz* *oz*   🔆   l ___
_____

ez *az* *iz*   ✏️   g ___
_____

az *iz* *ez*   👓   rap ___
_____

iz *uz* *az*   ✝️   cr ___
_____

🤡 Pinte o nome de cada figura e copie-o.

capuz	rapaz	cartaz
raiz	luz	avestruz
chafariz	cruz	paz

_____ _____ _____

🤡 Em cada quadro, sublinhe a frase que você pode formar com as palavras em **azul**. Depois, escreva-a.

cartaz

o

Luiz   **fez**

Luiz acendeu a luz.

Luiz comeu arroz.

Luiz fez o cartaz.

rapaz

ficou   **O**

feliz

O rapaz é um juiz.

O rapaz ficou feliz.

O rapaz pegou o giz.

_____ _____

🤡 Leia o poema.

Um poema para o nariz

[...]
Não seja sapeca.
Limpe bem seu nariz,
Acabe com a meleca
E respire mais feliz!

Lalau. Hipopótamo, batata frita,
nariz: tudo deixa um poeta feliz!
São Paulo: DCL, 2009. p. 13.

— O que você achou do trechinho desse poema?
— Por que não devemos limpar o nariz com o dedo nem na frente de outras pessoas?
— Como devemos fazer a higiene de nosso nariz?

🤡 Circule no texto a palavra que rima com **nariz**.

🤡 O texto abaixo está embaralhado. Organize-o enumerando os quadrinhos na ordem certa.

☐ Limpe bem seu nariz,

☐ E respire mais feliz!

☐ Acabe com a meleca

☐ Não seja sapeca.

flor

flor

🤡 Complete as famílias e leia-as com os colegas.

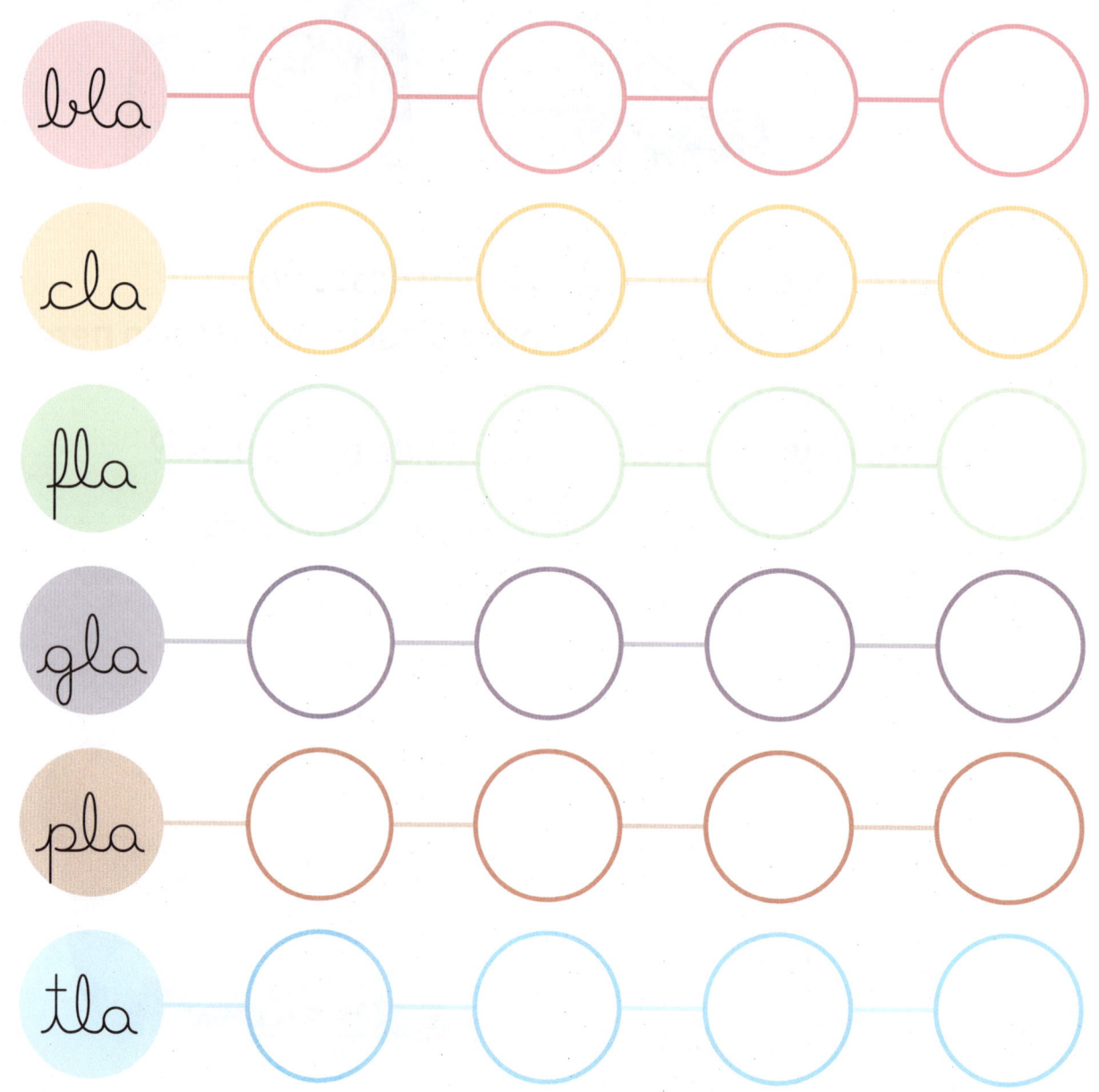

- bla ─ ◯ ─ ◯ ─ ◯ ─ ◯
- cla ─ ◯ ─ ◯ ─ ◯ ─ ◯
- fla ─ ◯ ─ ◯ ─ ◯ ─ ◯
- gla ─ ◯ ─ ◯ ─ ◯ ─ ◯
- pla ─ ◯ ─ ◯ ─ ◯ ─ ◯
- tla ─ ◯ ─ ◯ ─ ◯ ─ ◯

Observe as frases em destaque. Depois, descubra qual é a palavra que falta nas outras frases e escreva-a no quadro.

A flor é de Clarice.

A flor é de ▢

a é de Clarice ▢

A flor é Clarice ▢

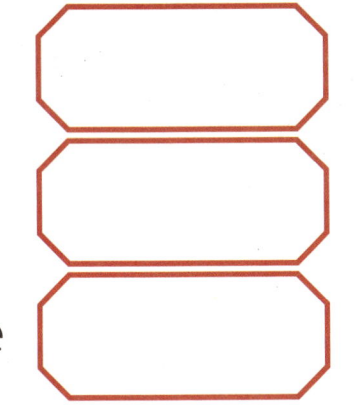

Flávio anda de bicicleta.

Flávio anda de ▢

anda de bicicleta ▢

Flávio de bicicleta ▢

Glória sujou sua blusa.

sujou sua blusa ▢

Glória sujou sua ▢

Glória sujou blusa ▢

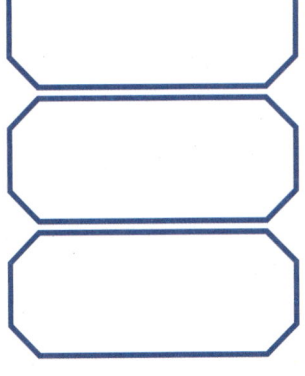

Leia o texto.

Bartolo tinha uma flauta

Bartolo tinha uma flauta
A flauta era do seu Bartolo
Sua mãe sempre dizia:
— Toca a flauta, seu Bartolo!

Parlenda.

— O que você achou da leitura desse texto?
— Você sabe o que é uma flauta?
— Sabe tocar algum instrumento musical?
— Vamos imitar o som da flauta?

Sublinhe no texto a palavra **flauta** toda vez que encontrá-la.

Responda às questões de acordo com o texto. Depois, pinte a flauta com sua cor preferida.

a) Qual é o nome do personagem do texto?
_____

b) Qual é o instrumento musical do personagem do texto?
_____

c) O que a mãe de Bartolo sempre dizia?
_____
_____

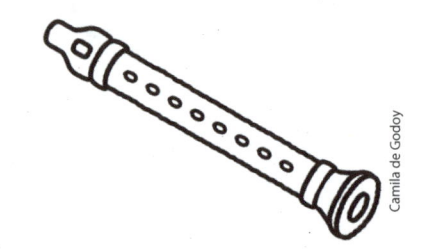

criança

criança

🤡 Complete o diagrama de palavras e pinte as figuras.

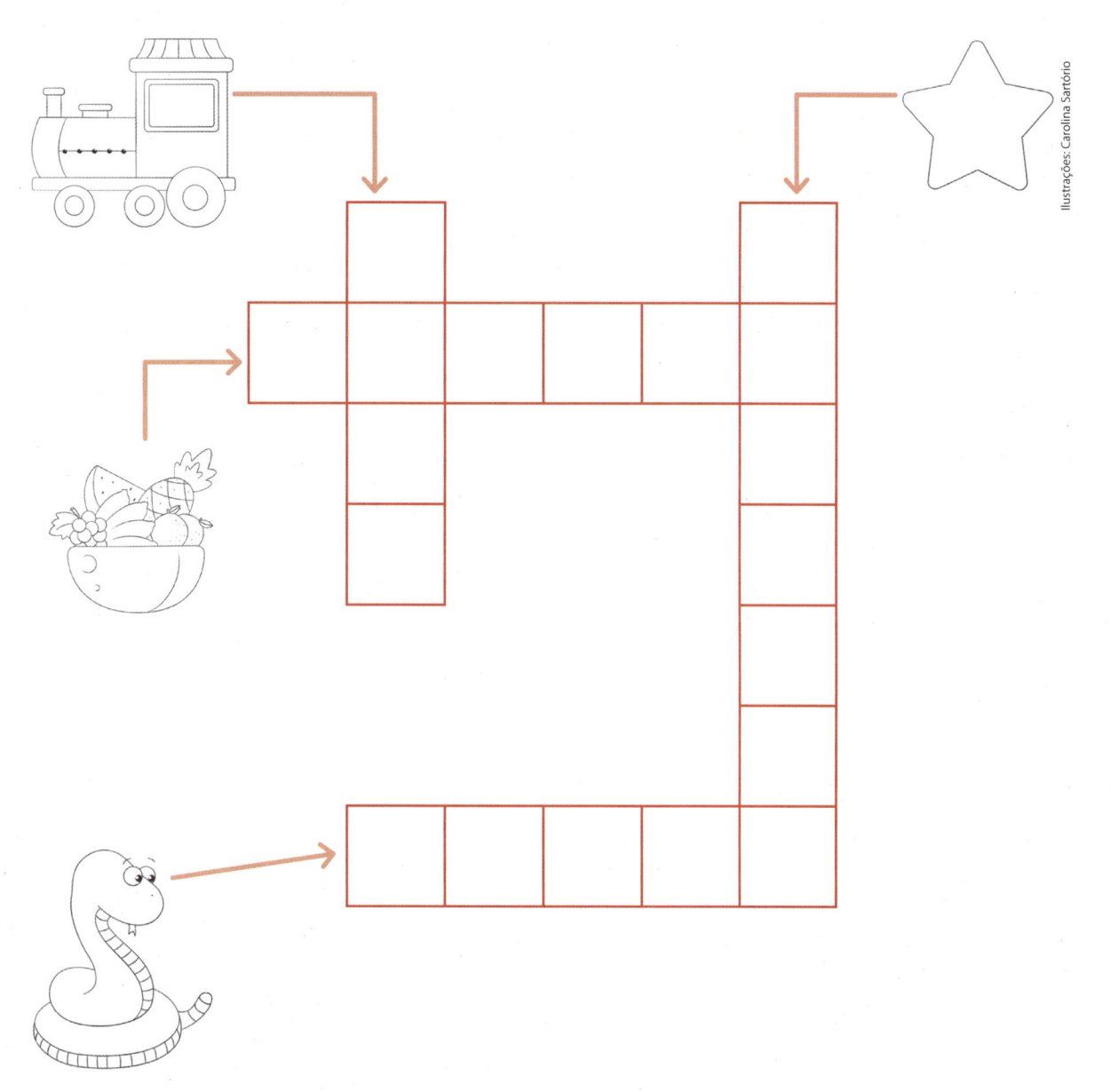

Ligue cada encontro de letras às palavras em que aparecem e copie-as com letra cursiva.

dr

pr

cr

fr

gr

tr

creme _____

prego _____

trigo _____

grilo _____

vidro _____

frio _____

cofre _____

estrela _____

gravata _____

padre _____

primo _____

cravo _____

🤡 Leia o texto.

Cri-cri, cri-cri
Canta à noite o grilo.
Quando clareia o dia,
O grilo se cala tranquilo.

Texto escrito especialmente
para esta obra.

— **Você já viu um grilo?**
— **Sabe como ele canta?**
— **Por que você acha que o grilo do texto canta à noite?**

🤡 Circule no texto a palavra **grilo** toda vez que encontrá-la.

🤡 Responda às questões a seguir de acordo com o texto.

a) Que som o grilo faz quando canta?

_____

b) Quando o grilo canta?

_____

c) Quando o grilo se cala tranquilo?

_____

🤡 Copie o texto completo caprichando na letra.

_____
_____
_____
_____

Os sons da letra X

Leia com atenção as palavras que estão nas caixas.

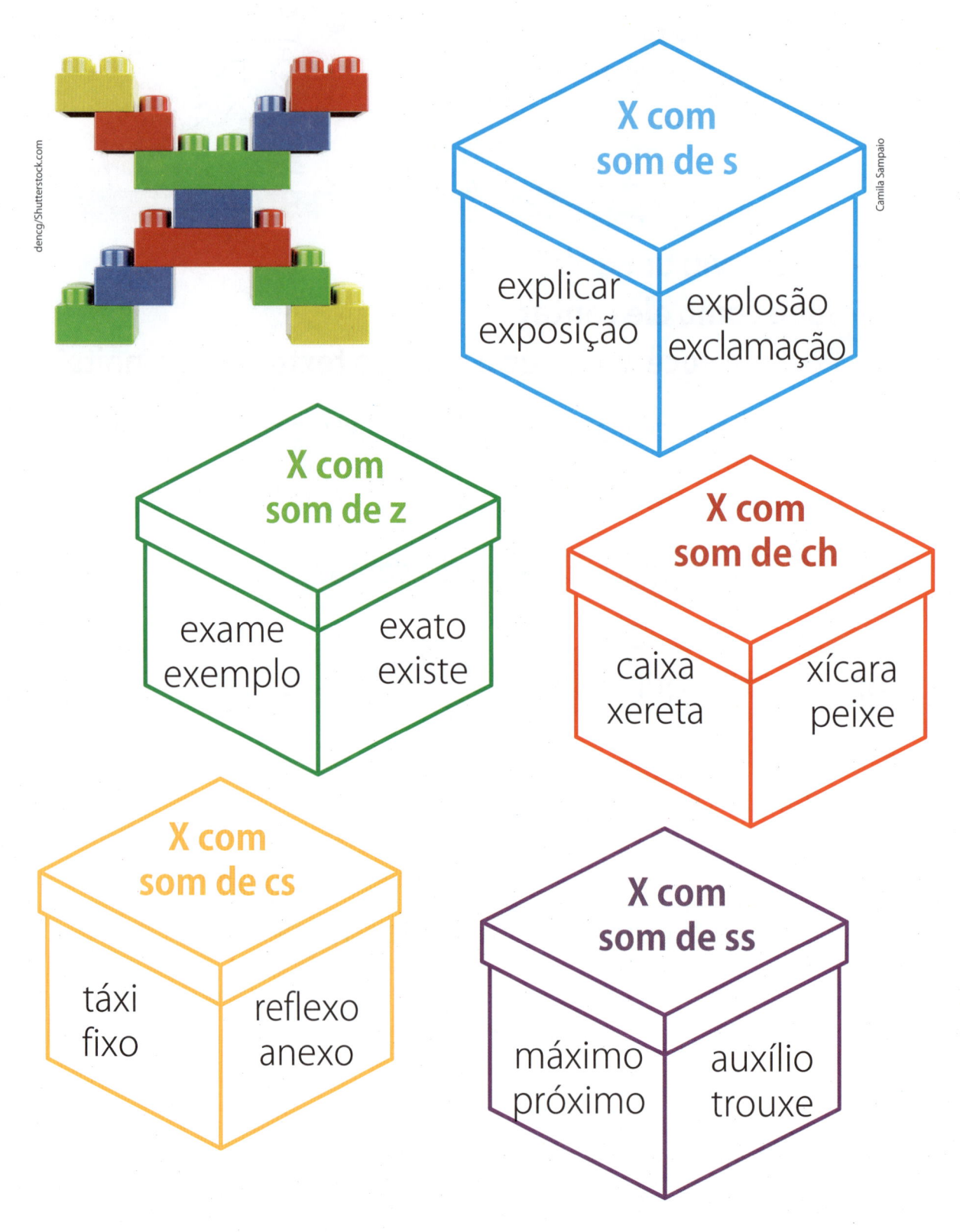

X com som de s
explicar
exposição
explosão
exclamação

X com som de z
exame
exemplo
exato
existe

X com som de ch
caixa
xereta
xícara
peixe

X com som de cs
táxi
fixo
reflexo
anexo

X com som de ss
máximo
próximo
auxílio
trouxe

Forme palavras juntando as sílabas que estão dentro do abacaxi.

Sílabas: a, ca, ba, xi, xca, ro, pei, drez, ra, li, me, xe, xco, ri, pe, xi, fe, me, lo, fo, cai

_____
_____
_____
_____
_____
_____
_____

Pinte apenas as coxinhas nas quais estão escritas palavras que o professor ditar.

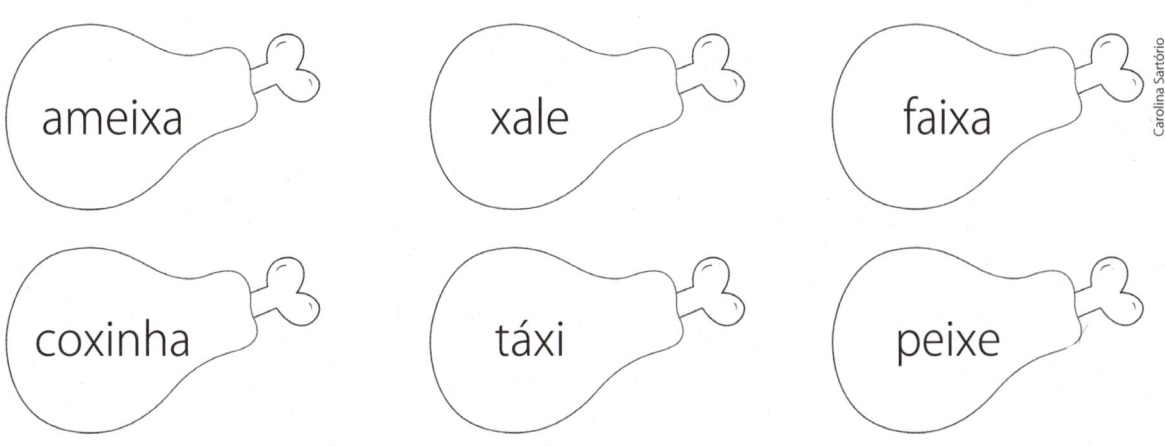

- ameixa
- xale
- faixa
- coxinha
- táxi
- peixe

Leia o texto.

Xaxá no xaxado

**O xampu de Xaxá
Cheira exagerado.
Com tanto mexe e remexe
No xaxado,
Xá, xá, xá, xá!
Foi cheiro pra todo lado.**

Texto escrito especialmente para esta obra.

— Você já dançou xaxado?
— Como se chama a personagem do texto?
— Qual é o som da sandália de Xaxá no chão?

Circule no texto a palavra **xaxado** toda vez que encontrá-la.

Recorte as frases do texto que estão desordenadas na página 163 e cole-as a seguir na ordem correta.

Xaxá no xaxado

Xá, xá, xá, xá!

O xampu de Xaxá

No xaxado,

Foi cheiro pra todo lado.

Cheira exagerado.

Com tanto mexe e remexe

Alfabeto móvel

a	b	c	d	e
f	g	h	i	j
k	l	m	m	o
p	q	r	s	t
u	v	w	x	y
z	o	a	u	e

a	b	c	d	e
f	g	h	i	j
k	l	m	n	o
p	q	r	s	t
u	v	w	x	y
z	o	a	u	e

167

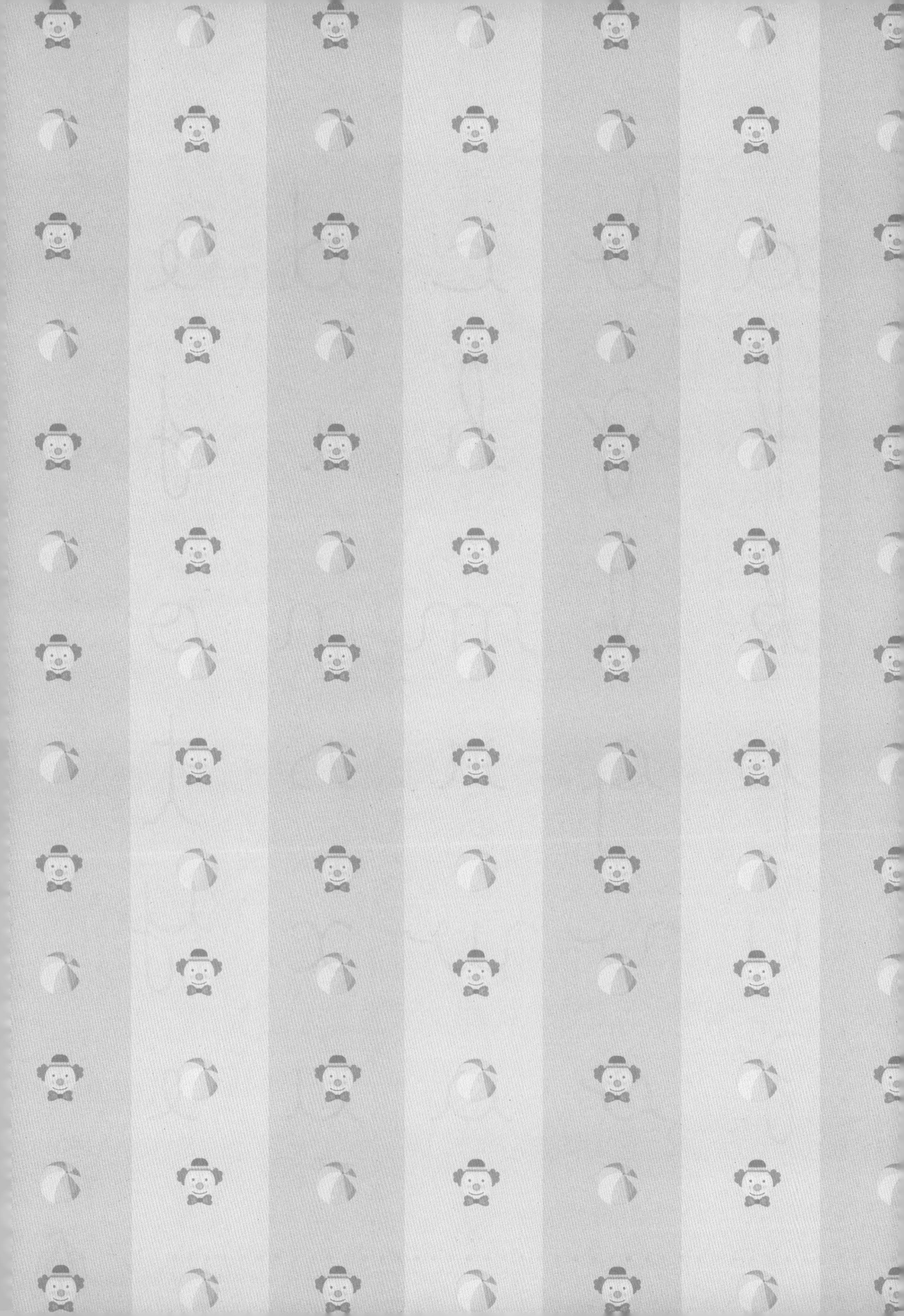

Envelope para guardar as letras do alfabeto móvel

alfabeto

_ _ _ _ _ _ recortar _____ dobrar

Envelope para guardar as letras do alfabeto móvel

É tempo de Matemática

A sempre-viva quando nasce
Toma conta do jardim.
Eu também quero arranjar
Quem tome conta de mim.

Parlenda.

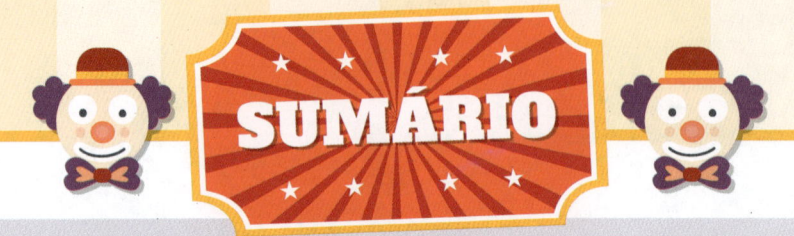

SUMÁRIO

Coordenação visomotora 173
Antes e depois 178
Números naturais de 0 a 9 181
Revisando os números
naturais de 0 a 9 191
Conhecendo os sinais = e ≠ .. 197
Conhecendo os sinais > e < .. 202
**Ordem crescente e ordem
decrescente** 206
Adição 209
Problemas de adição 216
Subtração 218
Problemas de subtração 223
**Sistema de numeração
decimal** 225

Dúzia 237
**Números pares e números
ímpares** 240
Números ordinais 244
Números romanos até X 246
Nosso dinheiro 248
Medidas 251
Litro 251
Metro 252
Quilograma/quilo 253
Horas exatas 255
Geometria 257
Linhas curvas abertas, linhas
curvas fechadas e linhas retas 257
Figuras geométricas planas 260
Figuras geométricas espaciais 261

Coordenação visomotora

🤡 Use as cores indicadas para pintar cada grupo de brinquedos.

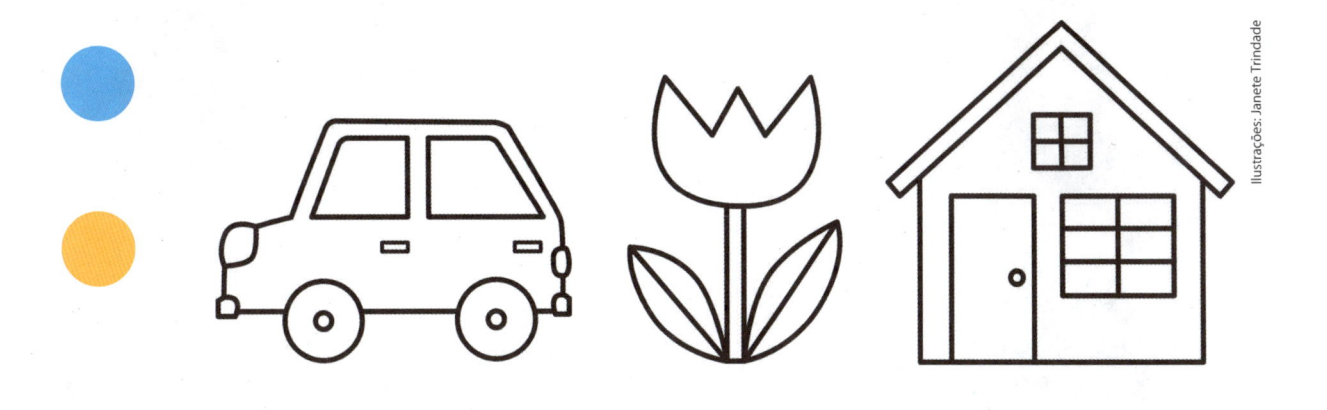

Trace uma linha para levar Vivi até o jogo de encaixe. Depois, cole pedacinhos de papel sobre o caminho que você seguiu.

174

👦 Observe bem cada brinquedo e faça um **X** na sombra verdadeira.

Ligue os quadrinhos cujas figuras estão na mesma posição.

Agora, desenhe para completar cada sequência.

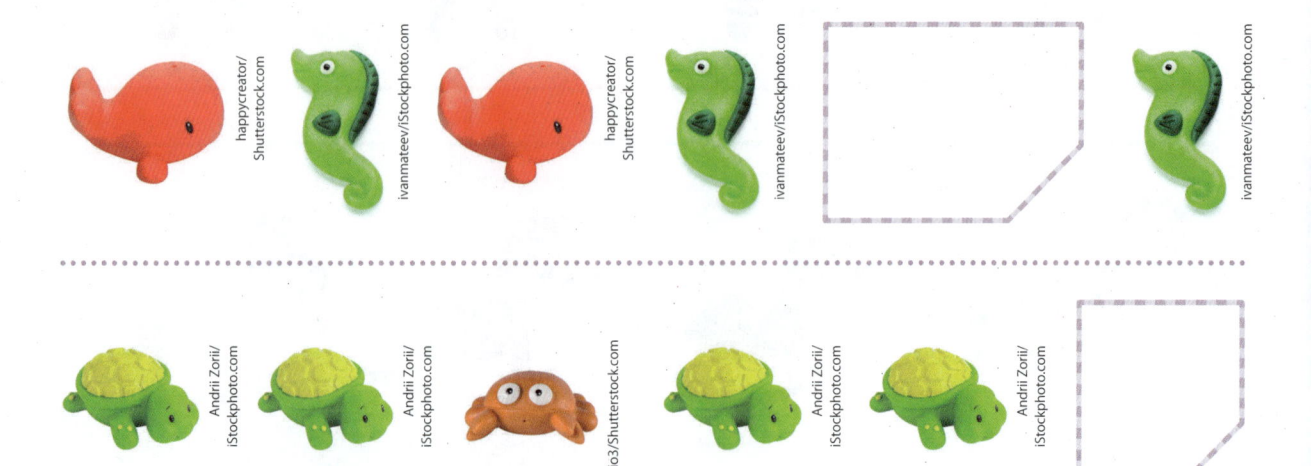

176

— **Quais palhacinhos são iguais e estão na mesma posição?**

Pinte com a mesma cor o círculo dos palhaços iguais. Use uma cor para cada par.

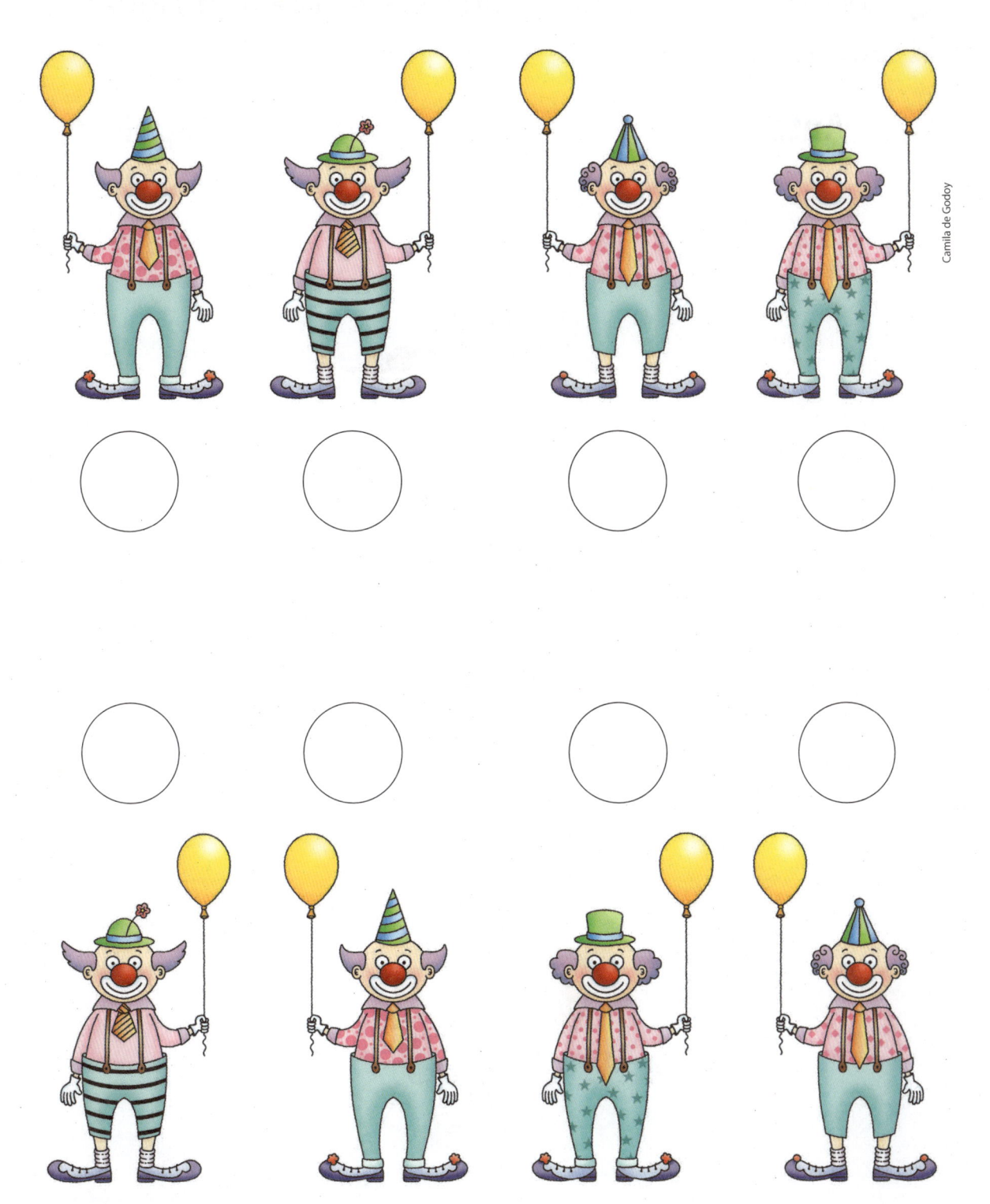

Antes e depois

— O que aconteceu primeiro?

— E o que aconteceu depois?

Recorte as figuras da página 179 e cole-as no lugar adequado.

Antes **Depois**

179

Números naturais de 0 a 9

Daniel vai comer todo o cereal.
— Como vai ficar o pratinho dele?

Desenhe a resposta.

Escreva o número **0** nos quadrinhos e nas linhas.

0	0				

Marque um **X** somente em **1** botão de cada grupo. Depois, desenhe **1** botão no grupo que está vazio.

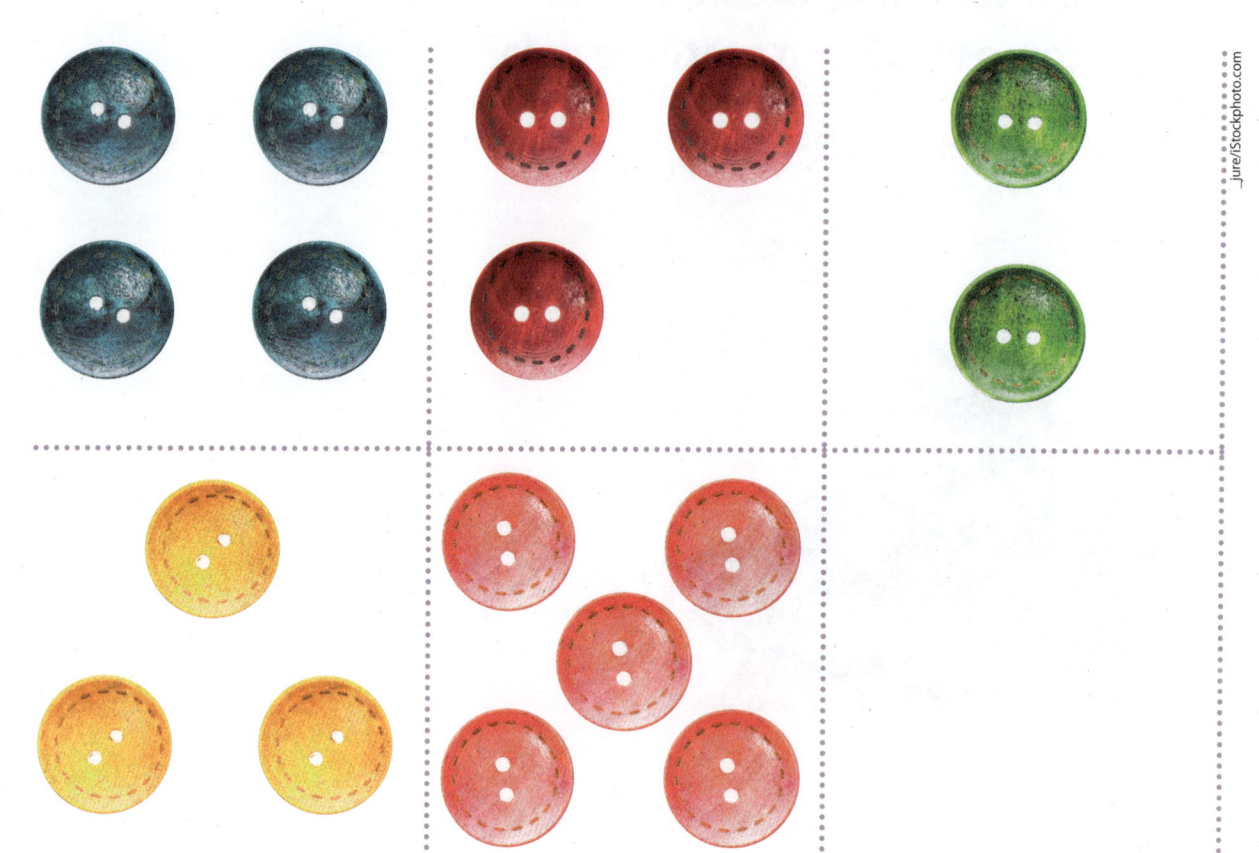

Escreva o número **1** nos quadrinhos e nas linhas.

1	1					

A mamãe ovelha brinca com seus filhotes.

Ligue os filhotinhos à mamãe ovelha e numere-os.

Escreva o número **2** nos quadrinhos e nas linhas.

2	2				

A mamãe ovelha brinca com seus filhotes.

Chiquito gosta muito de comer bananas docinhas.

Pinte as bananas e numere-as de **1** a **3**.

Escreva o número **3** nos quadrinhos e nas linhas.

3	3				

— **Quantas crianças?**

Desenhe um chapéu na cabeça de cada criança e numere-os de **1** a **4**.

Escreva o número **4** nos quadrinhos e nas linhas.

4	4				

Gabriel tem uma coleção de caminhões.

🤡 Desenhe mais caminhões para completar **5** caminhões e numere-os de **1** a **5**.

🤡 Escreva o número **5** nos quadrinhos e nas linhas.

5	5				

186 Gabriel tem uma coleção de caminhões.

— Você já viu bonecas de pano?

🤡 Conte as bonecas e numere-as. Depois, circule a boneca em que você escreveu o número **1** e faça um **/** na que você escreveu o número **6**.

🤡 Escreva o número **6** nos quadrinhos e nas linhas.

6	6				

187

— **Quá, quá, quá, quá, quá... 7 patinhos vão passear!**

🤡 Desenhe mais patinhos para completar **7** filhotes e numere-os de **1** a **7**.

🤡 Escreva o número **7** nos quadrinhos e nas linhas.

7	7					

Quá, quá, quá, quá, quá... 7 patinhos vão passear!

Vitor faz 8 bolhas de sabão.

Desenhe as bolhas de sabão e numere-as de **1** a **8**.

Escreva o número **8** nos quadrinhos e nas linhas.

8	8				

A galinha do vizinho bota ovos amarelinhos.

Desenhe mais ovos para completar **9** ovos e numere-os de **1** a **9**.

Escreva o número **9** nos quadrinhos e nas linhas.

9	9					

Revisando os números naturais de 0 a 9

Conte os brinquedos de cada caixa e pinte uma bolinha para cada um deles. Depois, escreva o número correspondente a cada quantidade.

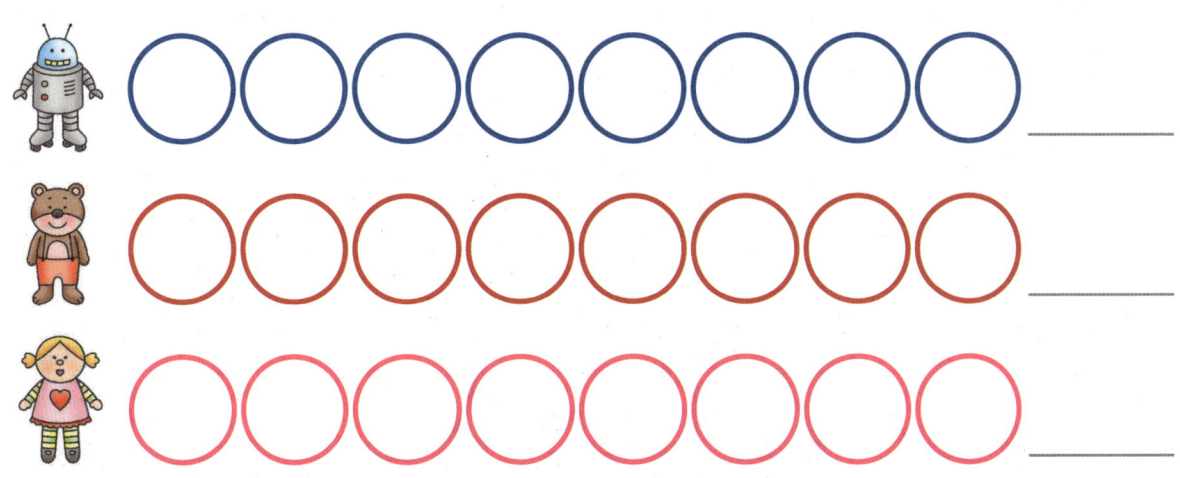

🤡 Leve o cachorrinho até o brinquedo completando os números que estão faltando.

🤡 Depois, faça um **/** no número que vem **antes** do **5** e um **X** no número que vem **depois** dele.

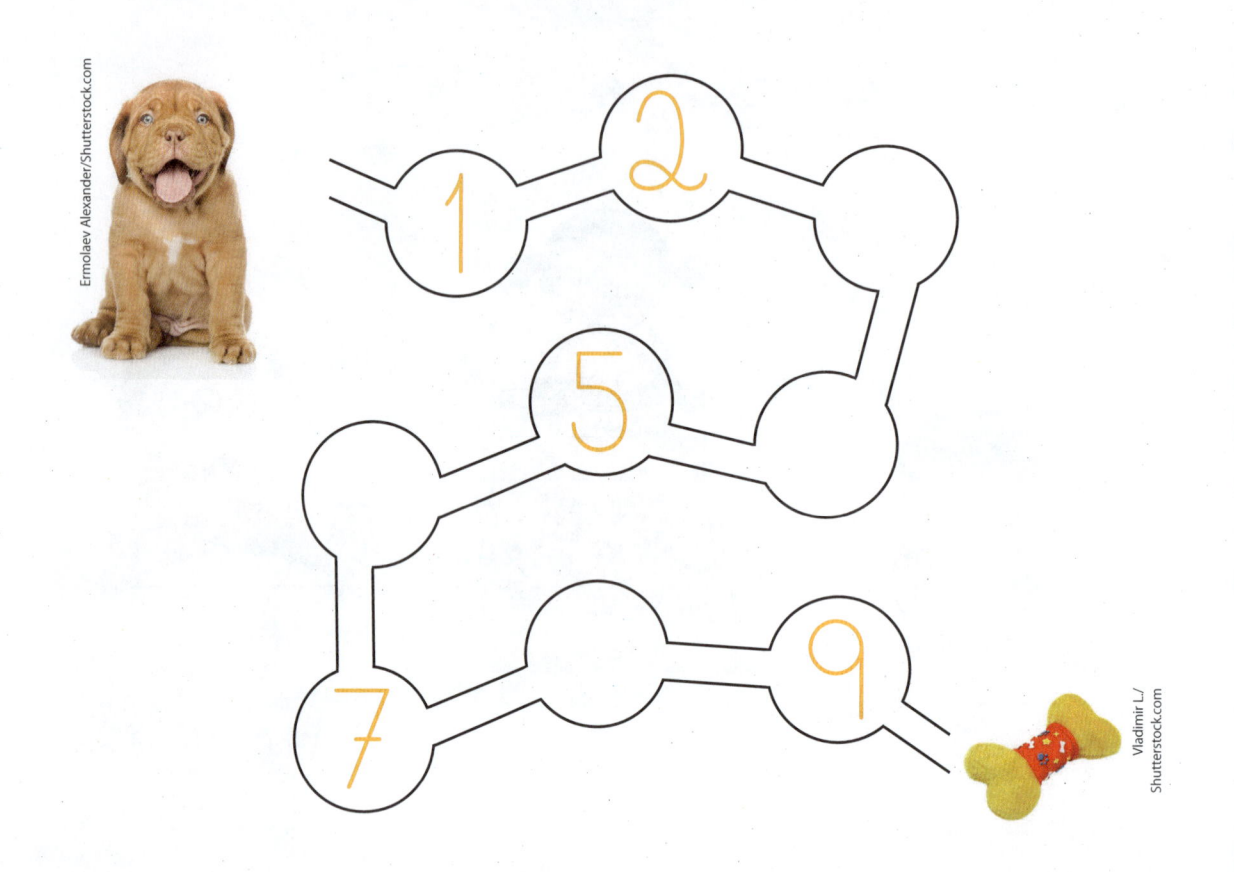

1 2

5

7 9

🤡 Em cada linha, pinte de **azul** o **maior** número e de **vermelho** o **menor** número.

6 4 8 2 5

3 7 1 4 9

192

Vovó pegou alguns ovos no galinheiro.

🤡 Iguale a quantidade de ovos de cada cesta ao número indicado ao lado dela fazendo um **X** nos ovos em excesso ou desenhando os ovos que faltam.

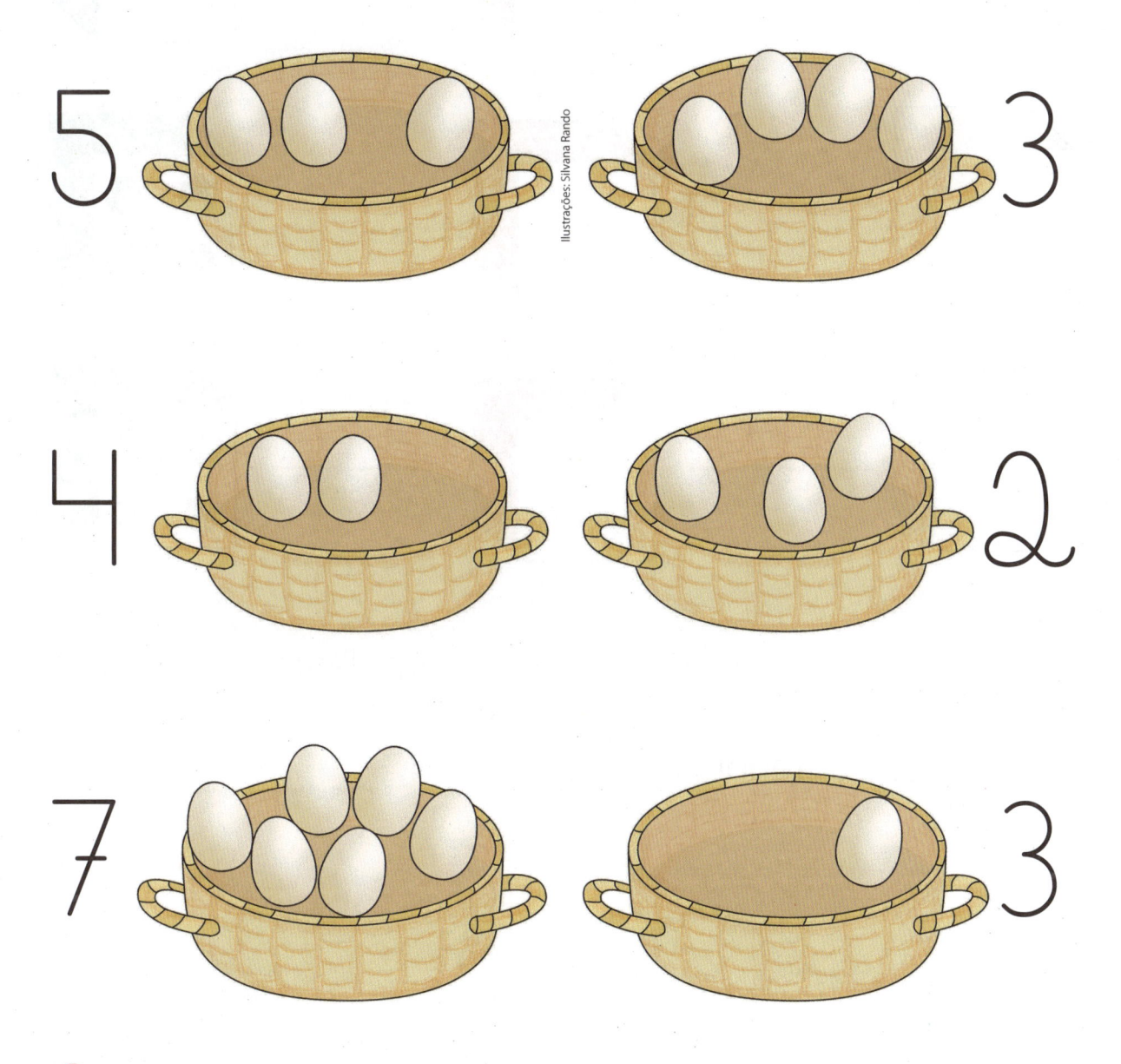

5   3

4   2

7   3

🤡 Agora, faça um **X** na cesta com mais ovos e um **/** na cesta com menos ovos.

🤡 Ligue as cestas que ficaram com a mesma quantidade de ovos.

🤡 Em cada caso, descubra o que falta e complete.

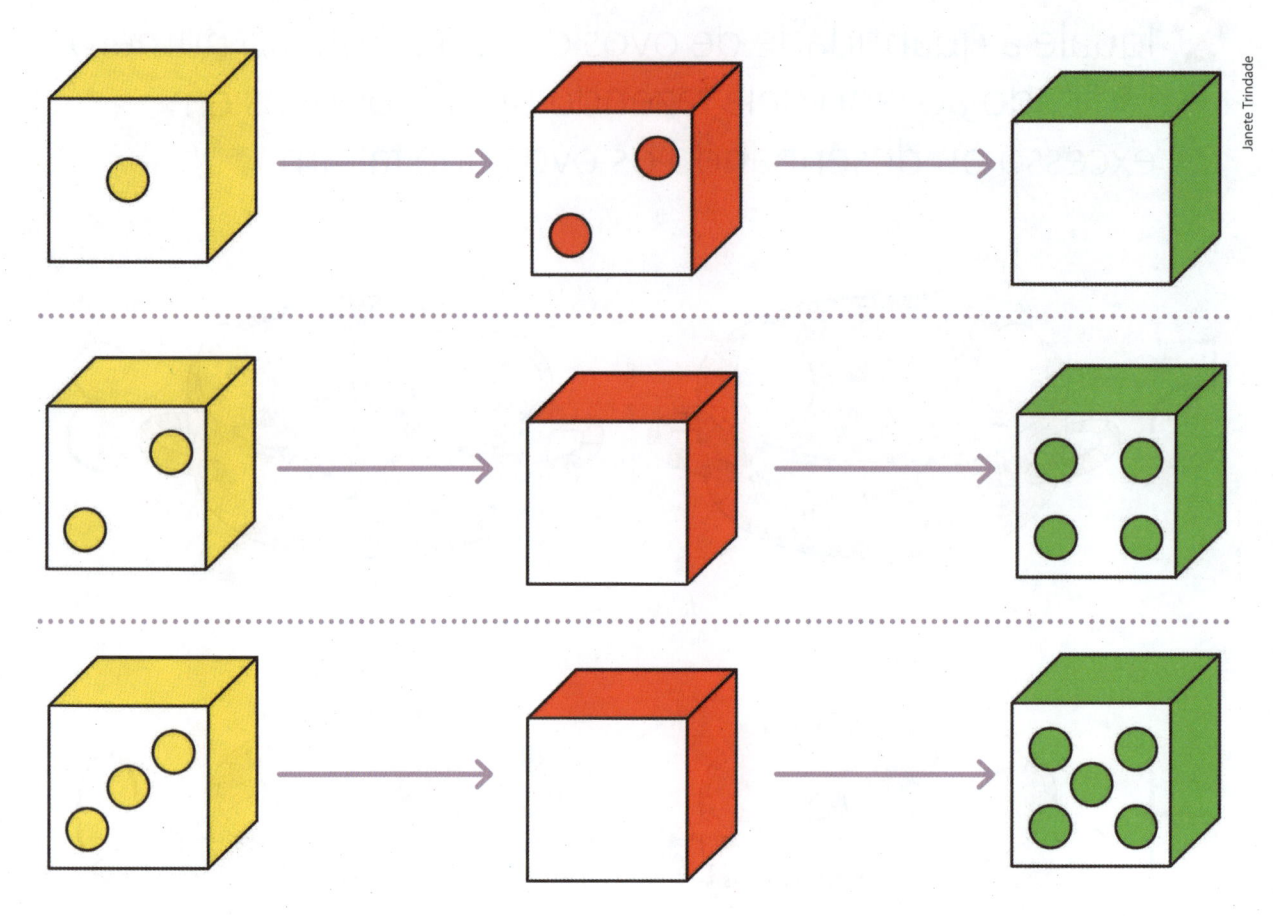

🤡 Agora, escreva os números que completam as sequências e pinte os quadrinhos nas mesmas cores da atividade anterior.

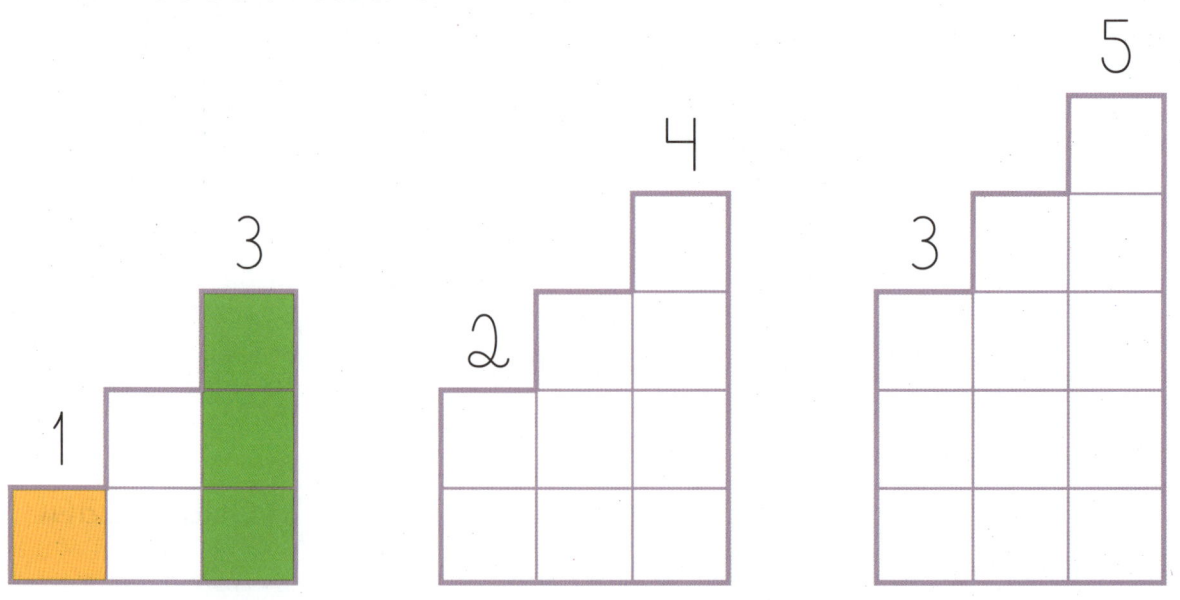

Conte a quantidade de bolhas próximas a cada tartaruga e anote o número. Depois, pinte com a mesma cor as tartarugas que têm número igual de bolhas e circule a que sobrar.

— Você já sabe brincar de amarelinha?

Complete a amarelinha com os números que faltam.

9

7

4

3

1

Imagine que você jogou sua pedrinha e ela caiu na casa 6.

Desenhe a pedrinha. Pinte de **azul** as casas que você terá que passar até chegar à casa **6** e depois pinte de **amarelo** as casas que ficam depois da casa **6**.

Conhecendo os sinais = e ≠

🤡 Ligue cada ursinho a um pote de mel.

🤡 Conte os elementos acima e escreva o número.

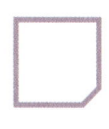

— O número de ursinhos é igual ao número de potes?

> Para indicar igualdade, usamos o sinal =, que significa **é igual a**.
> Veja: 5 = 5.
> Lemos: 5 **é igual a** 5.

197

🤡 Observe o modelo e continue a atividade.

2 = 2

___ = ___

___ = ___

🤡 Ligue cada abelha a uma flor.

🤡 Conte os elementos acima e escreva o número.

— O número de abelhas é igual ao número de flores?

Para indicar diferença, usamos o sinal ≠, que significa **é diferente de**.
Veja: 5 ≠ 7.
Lemos: 5 **é diferente de** 7.

🤡 Observe o modelo e continue a atividade.

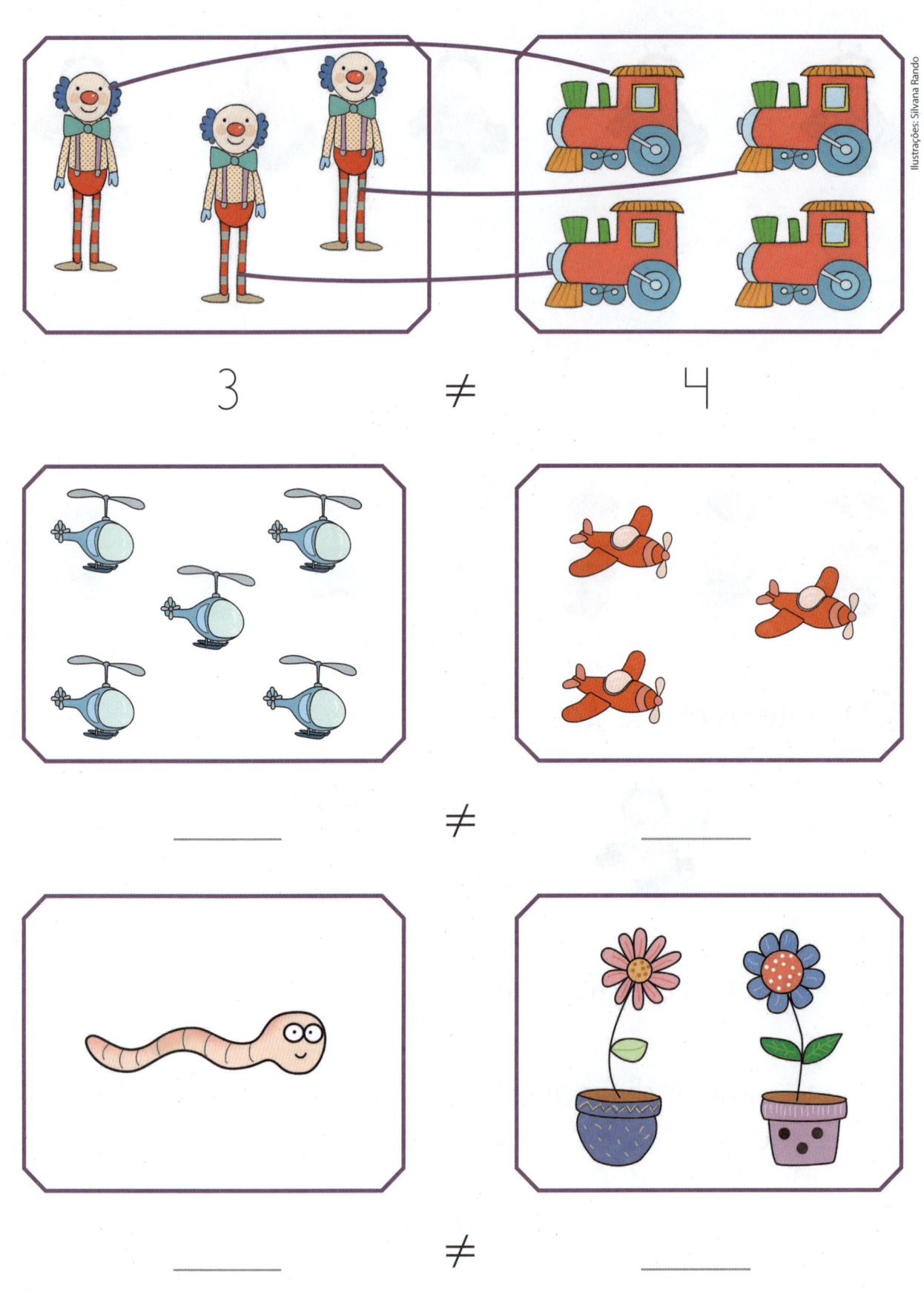

3 ≠ 4

___ ≠ ___

___ ≠ ___

🤡 Em cada situação, coloque o sinal = (é igual a) quando as quantidades de dedinhos forem iguais e o sinal ≠ (é diferente de) quando elas forem diferentes.

🤡 Agora, coloque o sinal = ou ≠ entre os números.

3 __ 3   3 __ 4   7 __ 8
2 __ 3   5 __ 5   8 __ 2
4 __ 4   4 __ 6   7 __ 7

Conhecendo os sinais > e <

Para indicar que uma quantidade é maior que outra, usamos o sinal **>**, que significa **é maior que**.
Veja: 4 **>** 3.
Lemos: 4 **é maior que** 3.

Pinte de **amarelo** o conjunto que tem **mais** elementos e de **azul** o que tem **menos** elementos. Depois, complete as comparações conforme o modelo.

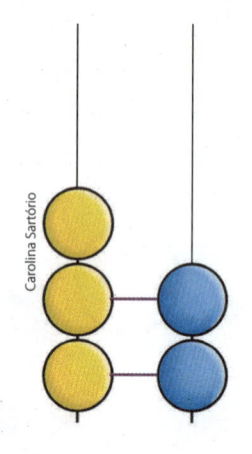

3 é maior que **2**

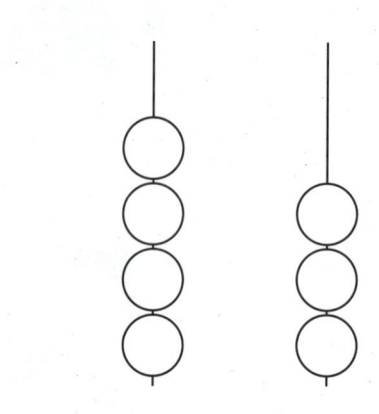

____ é maior que ____

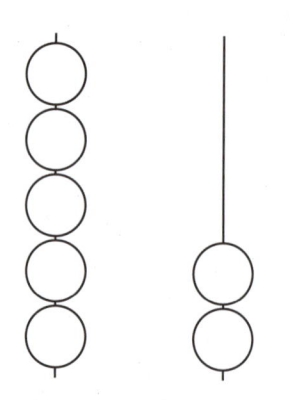

____ é maior que ____

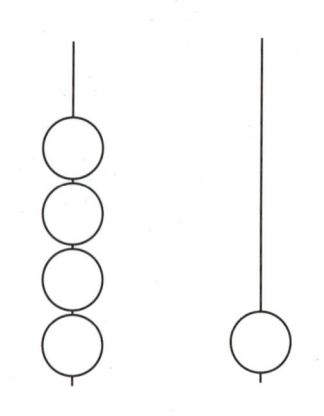

____ é maior que ____

🤡 Conte e escreva quantas argolas há em cada palhacinho.

🤡 Pinte de **vermelho** o corpo dos palhaços com **mais** argolas e de **laranja** o corpo dos palhaços com **menos** argolas.

🤡 Compare a quantidade de argolas e, em seguida, escreva o sinal **>**. Observe o modelo.

4 > 2

Para indicar que uma quantidade é **menor** que outra, usamos o sinal <, que significa **é menor que**.
　Veja: 2 < 5.
　Lemos: 2 **é menor que** 5.

Pinte de **verde** o conjunto que tem **menos** elementos e de **amarelo** o que tem **mais** elementos. Depois, complete as comparações conforme o modelo.

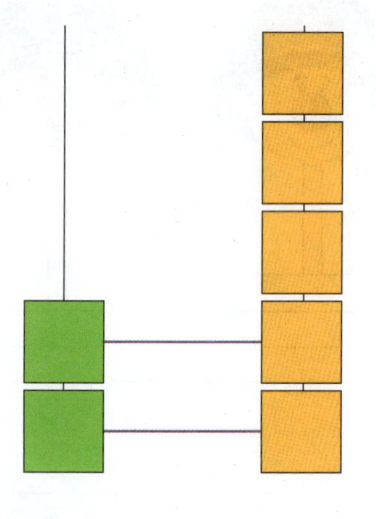

2 é menor que **5**

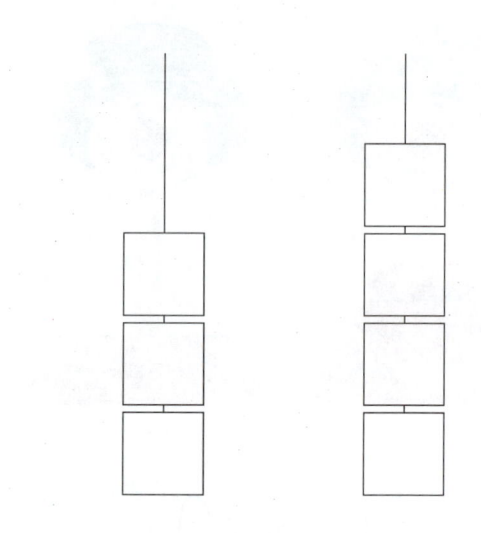

_____ é menor que _____

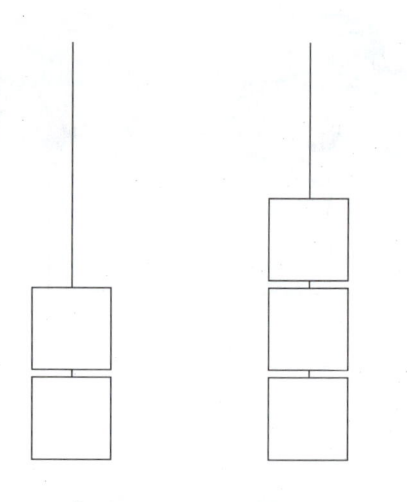

_____ é menor que _____

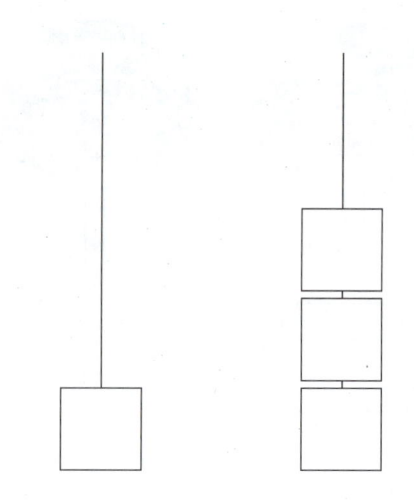

_____ é menor que _____

🤡 Conte e escreva quantas maçãs há em cada conjunto.

🤡 Faça um **X** no conjunto que tem **menos** maçãs e um **/** no conjunto que tem **mais** maçãs.

🤡 Compare a quantidade de maçãs e, em seguida, escreva o sinal **<**. Observe o modelo.

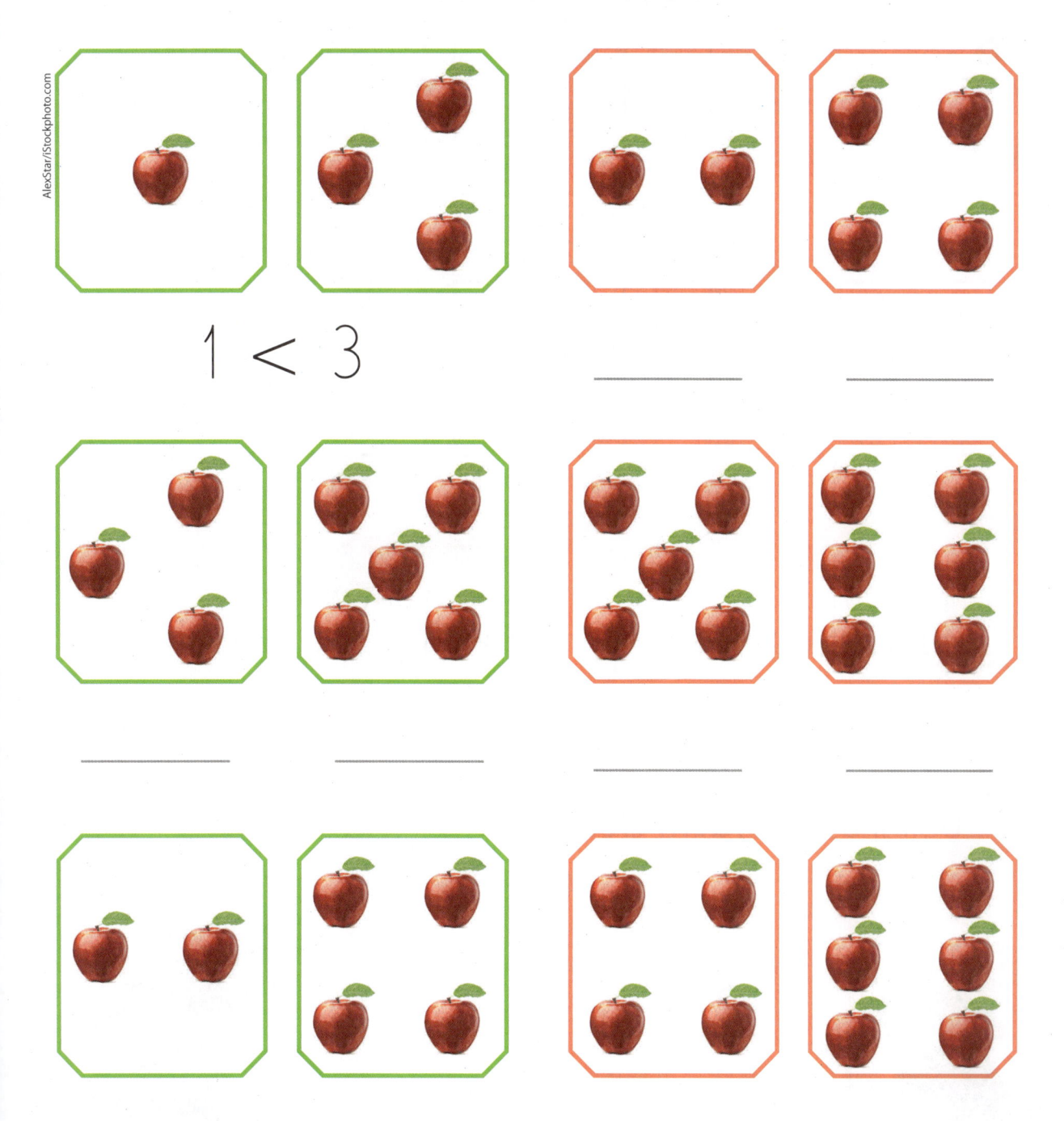

1 < 3

Ordem crescente e ordem decrescente

Observe o modelo e continue desenhando a quantidade de bolinhas que se pede em cada ficha.

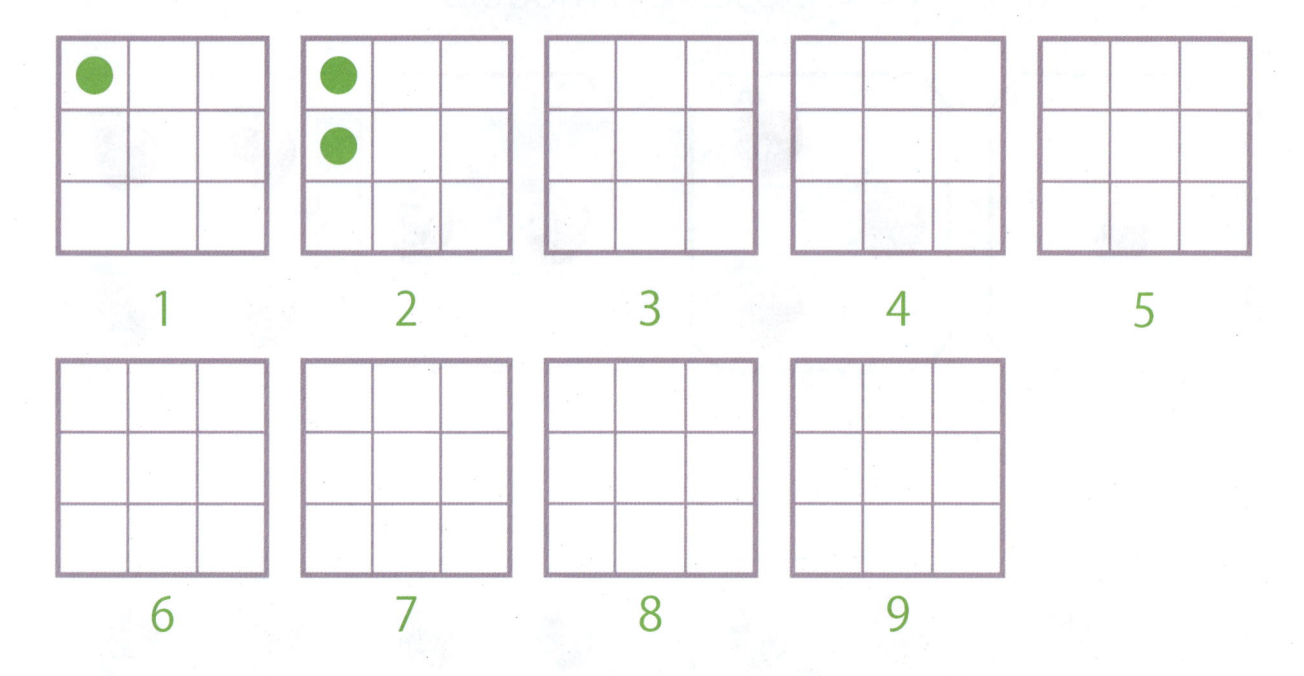

1   2   3   4   5

6   7   8   9

Dizemos que os números estão em **ordem crescente** quando estão do **menor** para o **maior**.

Ajude o filhotinho a encontrar sua mãe ligando as bolinhas na **ordem crescente**.

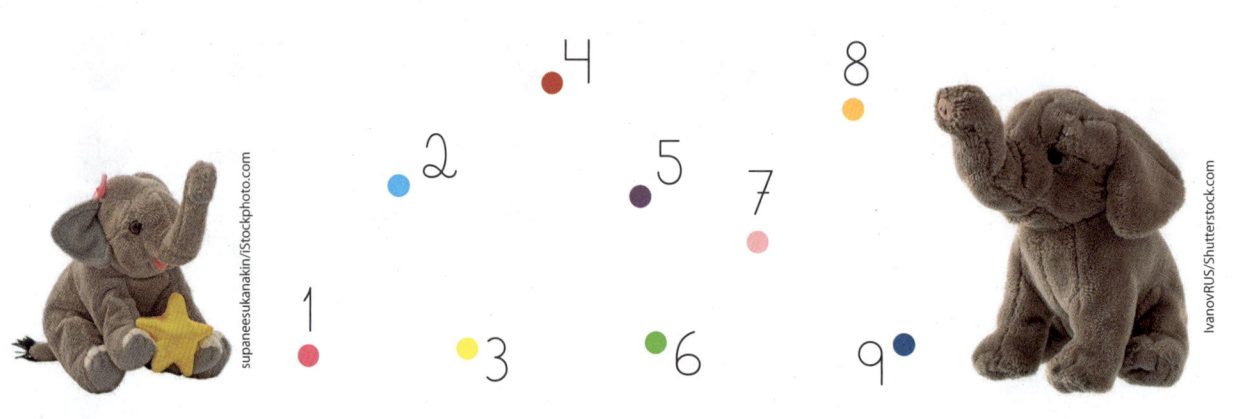

206

🤡 Continue desenhando a quantidade de bolinhas que se pede em cada ficha.

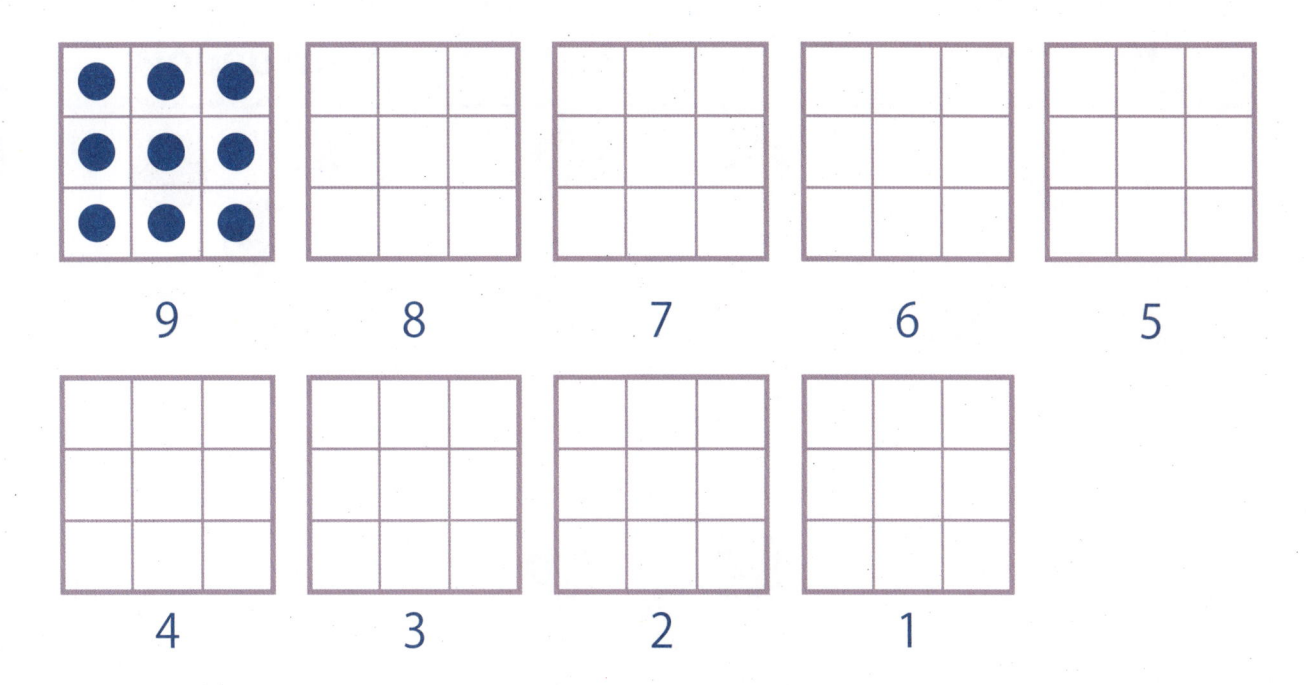

| 9 | 8 | 7 | 6 | 5 |

| 4 | 3 | 2 | 1 |

Dizemos que os números estão em **ordem decrescente** quando vão do **maior** para o **menor**.

🤡 Complete as séries em **ordem decrescente**.

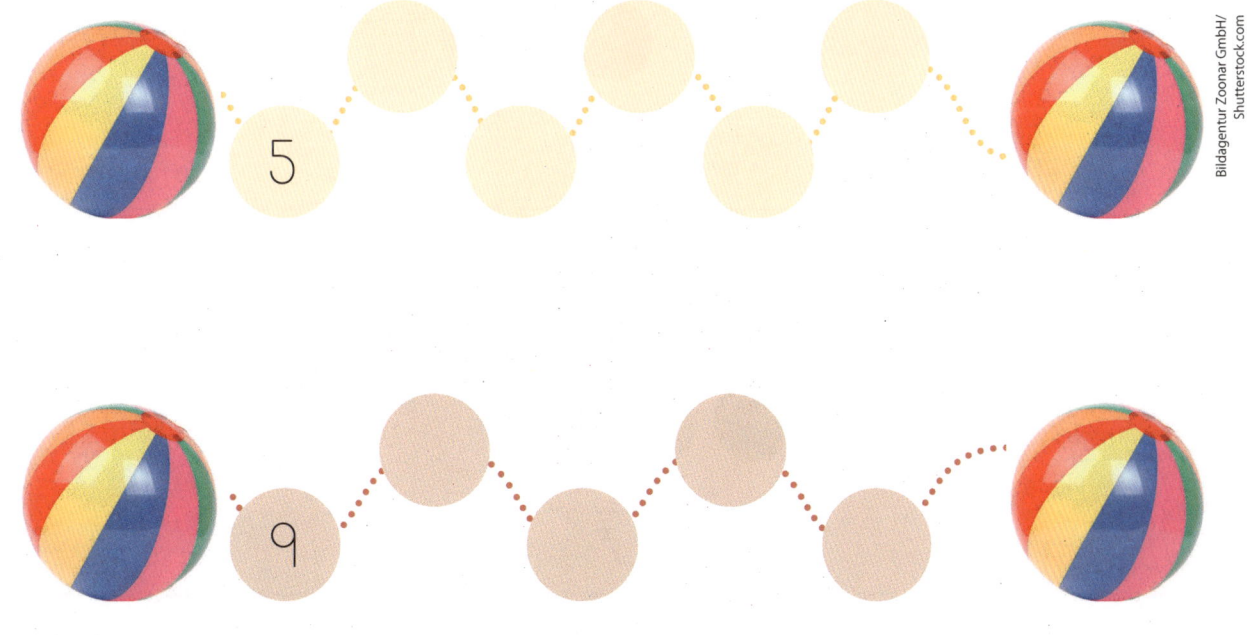

5

9

🤡 Complete a tabela desenhando e escrevendo as quantidades conforme o modelo.

Vem antes		Vem depois
3	4	5
	5	
	6	
	7	

Adição

🤡 Conte estas historinhas e complete os espaços com o número que representa cada quantidade.

| Apenas _____ criança canta. | Mais _____ crianças chegam. | Ao todo, _____ crianças cantam. |

1 **mais** 2 **é igual a** _____

| Apenas _____ libélulas voam perto da flor. | Mais _____ libélula chega perto da flor. | Ao todo, _____ libélulas voam perto da flor. |

2 **mais** 1 **é igual a** _____

O sinal da **adição** é uma **+** (cruz), que chamamos de **mais**.

Escreva o sinal de **mais** (**+**) e efetue as adições.

— **Quantas bolinhas devem ser pintadas de cada cor?**

Use duas cores para pintar as bolinhas de acordo com as adições. Depois, escreva o resultado. Veja o modelo.

1 + 6 = 7

2 + 4 = ___

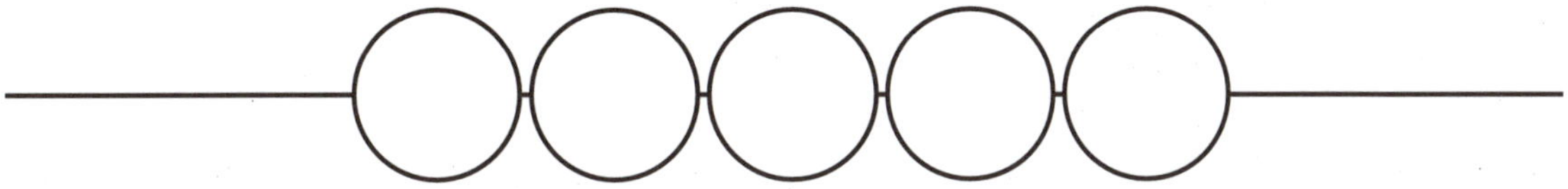

3 + 2 = ___

4 + 4 = ___

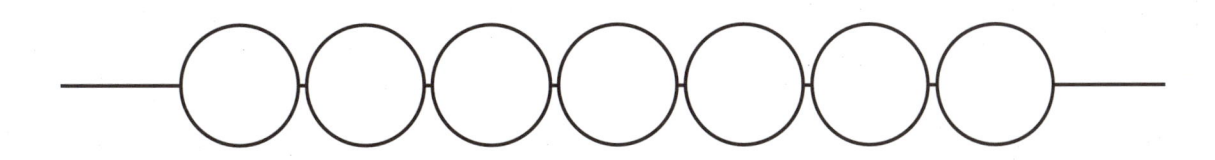

5 + 2 = ___

Resolva as adições. Siga o modelo.

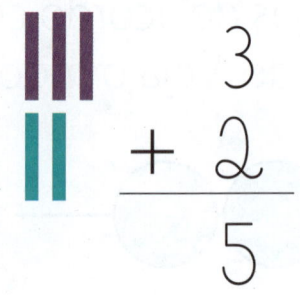

$$\begin{array}{r} 3 \\ +\ 2 \\ \hline 5 \end{array} \qquad \begin{array}{r} 2 \\ +\ 4 \\ \hline \end{array} \qquad \begin{array}{r} 3 \\ +\ 1 \\ \hline \end{array}$$

$$\begin{array}{r} 3 \\ +\ 0 \\ \hline \end{array} \qquad \begin{array}{r} 0 \\ +\ 4 \\ \hline \end{array} \qquad \begin{array}{r} 0 \\ +\ 0 \\ \hline \end{array}$$

$$\begin{array}{r} 3 \\ +\ 5 \\ \hline \end{array} \qquad \begin{array}{r} 5 \\ +\ 3 \\ \hline \end{array} \qquad \begin{array}{r} 2 \\ +\ 2 \\ \hline \end{array}$$

$$\begin{array}{r} 3 \\ +\ 3 \\ \hline \end{array} \qquad \begin{array}{r} 4 \\ +\ 4 \\ \hline \end{array} \qquad \begin{array}{r} 5 \\ +\ 0 \\ \hline \end{array}$$

Faça o que se pede e resolva as adições.

a) Conte os patinhos e desenhe mais 2 deles.

$5 + 2 = \square$

— **Quantos patinhos há agora?**

b) Conte as borboletas e desenhe mais 1 delas.

$4 + 1 = \square$

— **Quantas borboletas há agora?**

c) Conte as formigas e desenhe mais 3 delas.

$2 + 3 = \square$

— **Quantas formigas há agora?**

🤡 Observe o modelo e continue a atividade.

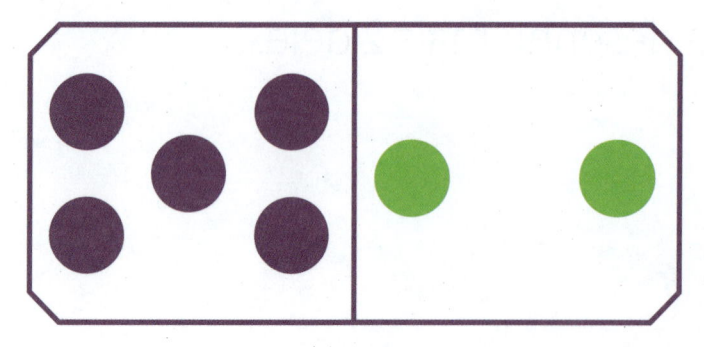

5 + 2 = 7

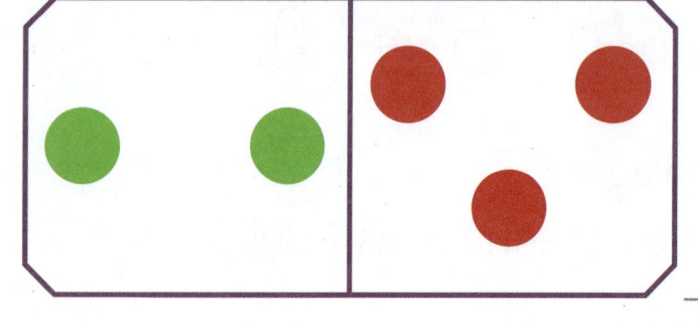

___ + ___ = ___

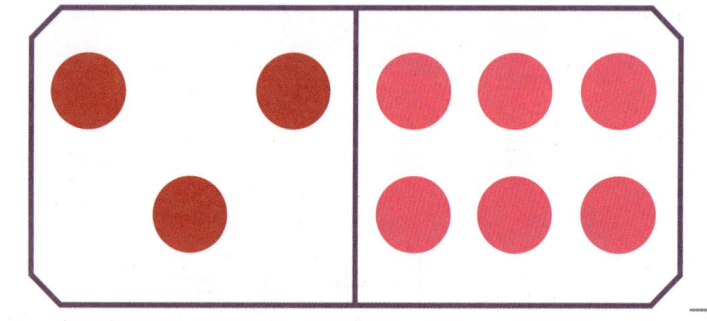

___ + ___ = ___

___ + ___ = ___

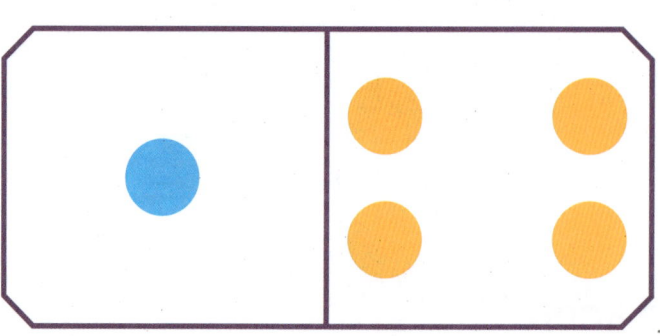

___ + ___ = ___

Observe o modelo e continue resolvendo as operações.

$$\begin{array}{r}4\\+\ 2\\\hline 6\end{array}\qquad\begin{array}{r}2\\+\ 3\\\hline\end{array}\qquad\begin{array}{r}3\\+\ 2\\\hline\end{array}$$

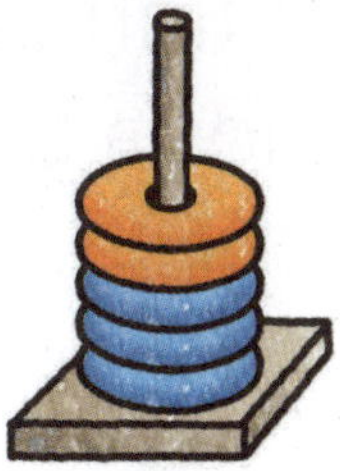

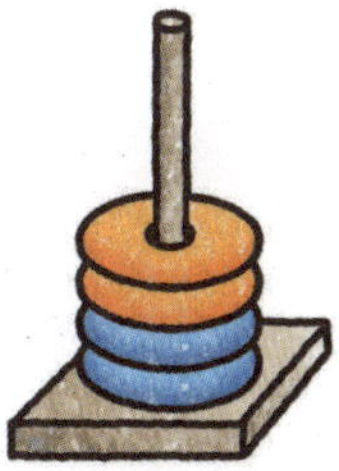

$$\begin{array}{r}2\\+\ 2\\\hline\end{array}\qquad\begin{array}{r}3\\+\ 3\\\hline\end{array}\qquad\begin{array}{r}3\\+\ 0\\\hline\end{array}$$

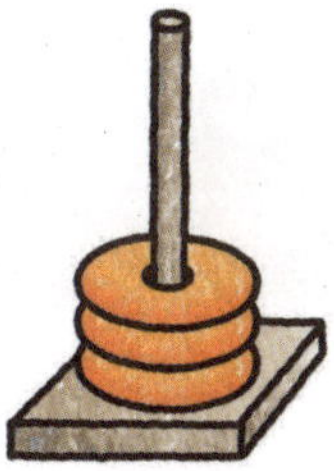

$$\begin{array}{r}4\\+\ 3\\\hline\end{array}\qquad\begin{array}{r}1\\+\ 7\\\hline\end{array}\qquad\begin{array}{r}5\\+\ 2\\\hline\end{array}$$

$$\begin{array}{r}3\\+\ 5\\\hline\end{array}\qquad\begin{array}{r}4\\+\ 4\\\hline\end{array}\qquad\begin{array}{r}4\\+\ 5\\\hline\end{array}$$

Problemas de adição

🤡 Desenhe o que falta e resolva os problemas.

a) Mamãe galinha tem 1 pintinho preto e 3 amarelos. Ao todo, quantos pintinhos a galinha tem?

$$\begin{array}{r} 1 \\ +\ 3 \\ \hline 4 \end{array}$$

Ao todo, a galinha tem _____ pintinhos.

b) Na brinquedoteca, 2 crianças brincavam com os blocos. Chegaram mais 2 crianças. Quantas crianças brincam com os blocos agora?

$$\begin{array}{r} \underline{} \\ +\ \underline{} \\ \hline \underline{} \end{array}$$

Agora, _____ crianças brincam com os blocos.

c) Em uma garagem, há 4 carrinhos estacionados. Estão chegando mais 2. Ao todo, quantos carrinhos ficarão na garagem?

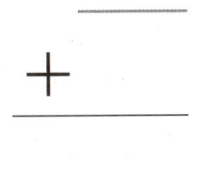

$$+$$

Na garagem, ficarão _____ carrinhos.

d) Há 2 sapinhos no brejo. Estão chegando mais 3. Quantos sapinhos ficarão no brejo?

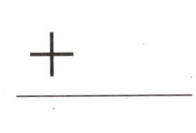

$$+$$

Ficarão _____ sapinhos no brejo.

e) Lucca tem 1 gato cinza e 2 branquinhos. Ao todo, quantos gatinhos ele tem?

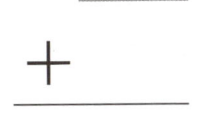

$$+$$

Ao todo, Lucca tem _____ gatinhos.

217

Subtração

Conte estas historinhas e complete os espaços com o número que representa cada quantidade.

| Havia _____ balões. | Estouraram _____ balões. | Restaram _____ balões. |

4 **menos** 2 **é igual a** _____

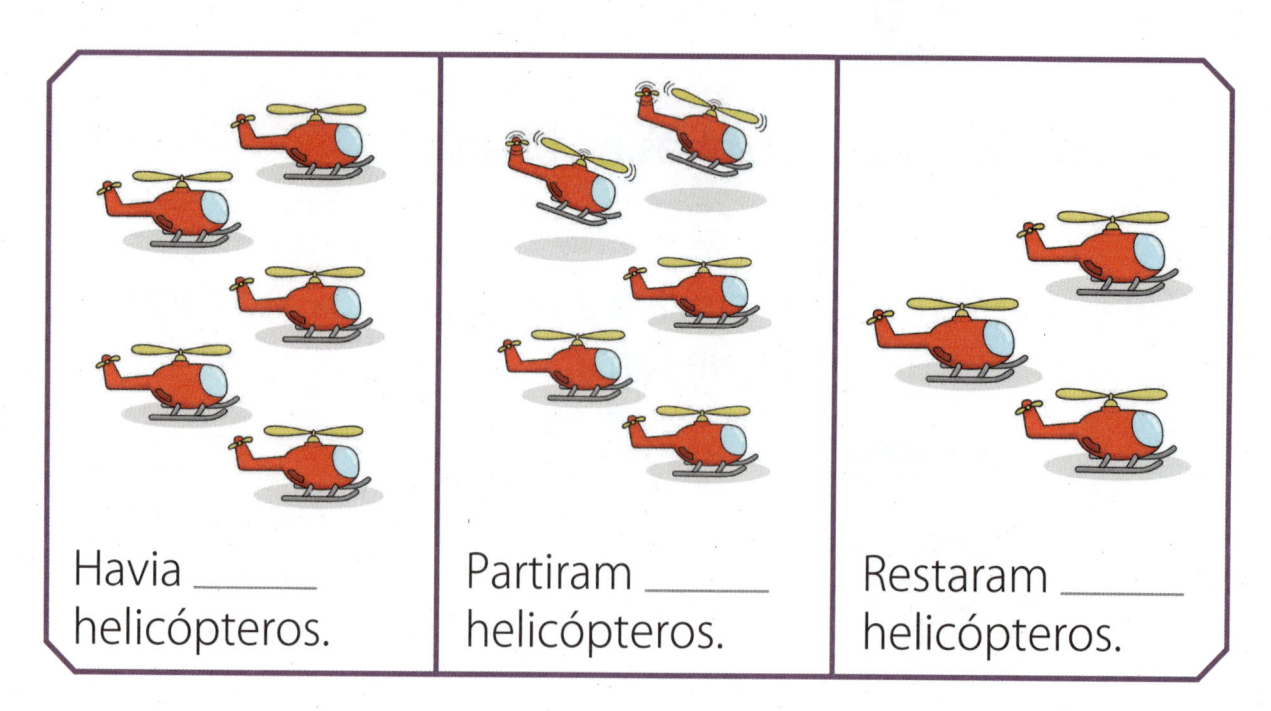

| Havia _____ helicópteros. | Partiram _____ helicópteros. | Restaram _____ helicópteros. |

5 **menos** 2 **é igual a** _____

> O sinal da **subtração** é um – (traço), que chamamos de **menos**.

🤡 Escreva o sinal de **menos** (–) e efetue as subtrações.

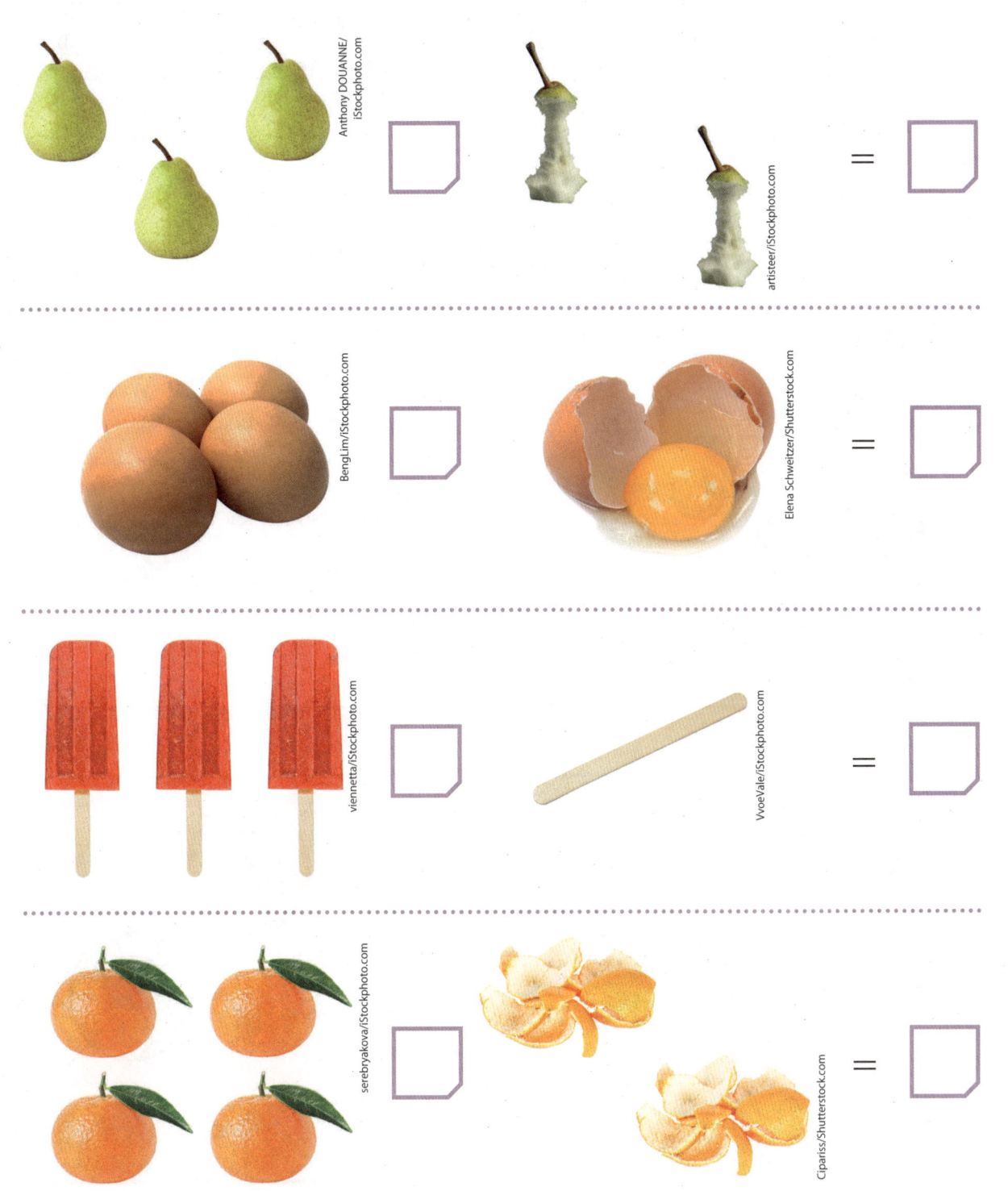

3 □ 2 = □

4 □ 3 = □

3 □ 2 = □

4 □ 3 = □

Efetue as subtrações.

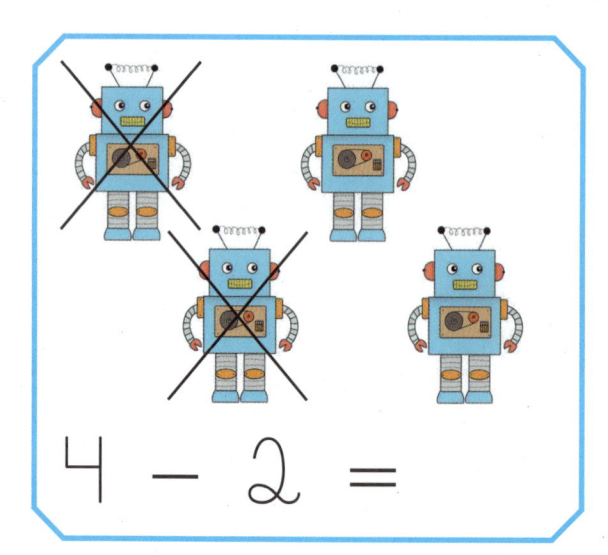

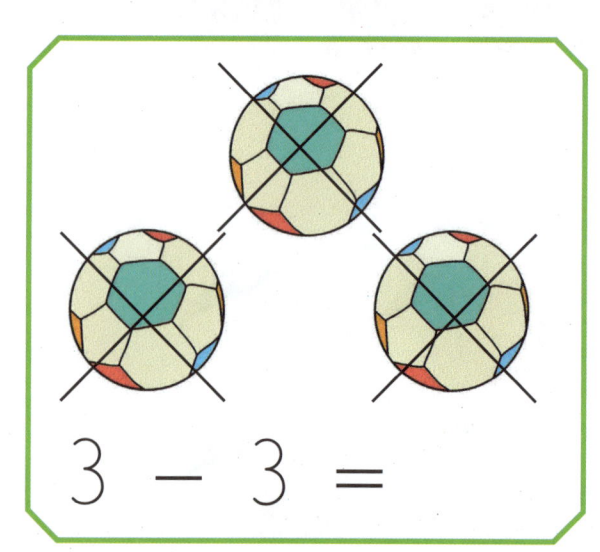

5 − 2 =

4 − 1 =

3 − 2 =

5 − 3 =

4 − 2 =

3 − 3 =

Faça o que se pede e resolva as subtrações.

a) Conte os cachorrinhos e risque 4 deles.

$5 - 4 = \square$

— **Quantos cachorrinhos há agora?**

b) Conte os baldinhos e risque 1 deles.

$4 - 1 = \square$

— **Quantos baldinhos há agora?**

c) Conte as pazinhas e risque 3 delas.

$4 - 3 = \square$

— **Quantas pazinhas há agora?**

🎪 **Risque os palitos que você deve retirar para resolver as subtrações. Veja o modelo.**

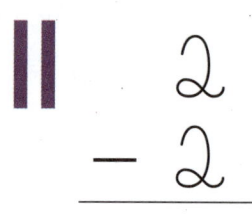

|||~~|~~|| 5
   − 3
     2

|||| 4
− 2

|||||| 6
− 3

||||||| 7
− 0

||| 3
− 0

|||||||| 8
− 0

|||| 4
− 3

|||||| 6
− 4

||||||||| 9
− 4

||| 3
− 3

||||| 5
− 5

|| 2
− 2

Problemas de subtração

🤡 Risque as figuras subtraídas nos problemas e resolva-os.

a) Havia 3 gatinhos na cesta, mas 1 gatinho saiu para tomar leite. Quantos gatinhos restaram na cesta?

$$\begin{array}{r} 3 \\ -\ 1 \\ \hline 2 \end{array}$$

3 – 1 = ☐

b) Havia 5 aviões no aeroporto, mas 3 decolaram. Quantos aviões ficaram?

☐ – ☐ = ☐

c) Havia 6 porquinhos brincando no chiqueiro, mas 2 saíram para dormir. Quantos porquinhos ficaram?

☐ − ☐ = ☐

d) Havia 3 crianças brincando no escorregador, mas 2 foram para outro brinquedo. Quantas crianças ficaram no escorregador?

☐ − ☐ = ☐

Sistema de numeração decimal

🤡 Observe o modelo. Numere os bichinhos de cada grupo, conte os elementos e escreva o número correspondente a cada quantidade.

3 elementos
3 unidades

_____ elementos
_____ unidades

_____ elementos
_____ unidades

_____ elemento
_____ unidade

Cada **elemento** é uma **unidade**.

— **Com quantas varetas as crianças estão brincando?**

Conte e anote nos quadros.

varetas vermelhas ☐
varetas azuis ☐
ao todo ☐

6 varetas + 4 varetas = 10 varetas
10 unidades formam **1 dezena**

Desenhe **1 dezena** de bolinhas de gude e escreva no quadro quantas bolinhas você desenhou.

☐

👦 Em cada quadro, conte os elementos e continue desenhando mosquinhas até completar **1 dezena**.

👦 Numere as mosquinhas de cada quadro.

👦 Conte as lagartinhas e circule somente **5** delas.

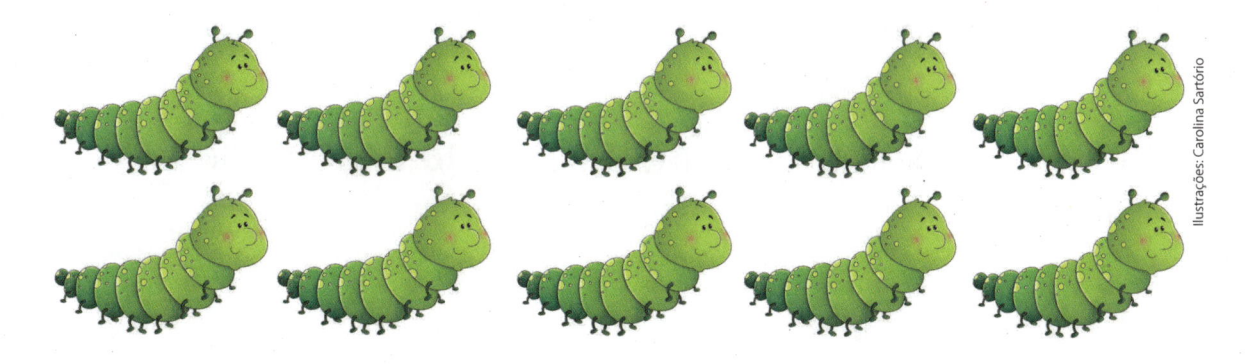

👦 Agora, responda: Quantas lagartinhas sobraram? ☐

5 unidades formam **meia dezena**

227

— Vamos contar a quantidade de dedos?

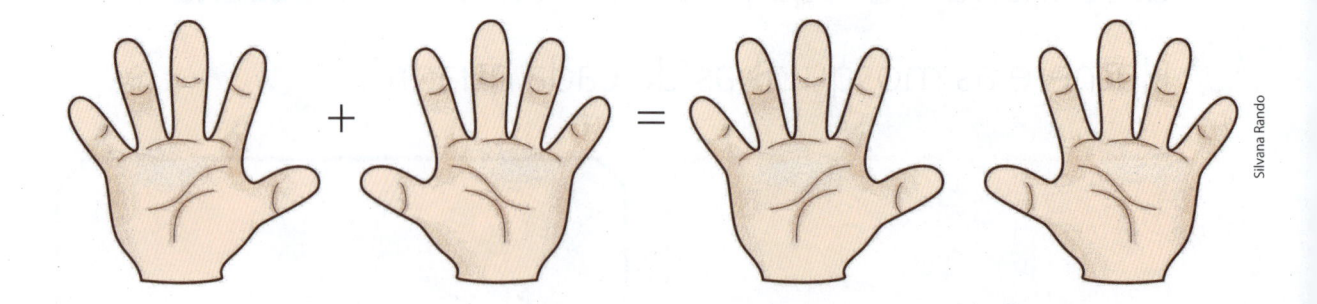

meia dezena + meia dezena = 1 dezena

Pinte **meia dezena** de baleias de **amarelo** e **meia dezena** de **azul**.

Agora, escolha uma cor e pinte **uma dezena** de tubarões.

🤡 Complete na fita os números em **ordem crescente** e circule o número **10**.

| 0 • 1 • • • • • • • • • 10 |

🤡 Agora, veja o modelo e continue formando a família do **10**.

	1	2	3	4	5	6	7	8	9
10	11								

🤡 Conte as bolinhas em cada grupo. Depois, circule o grupo que tem mais bolinhas.

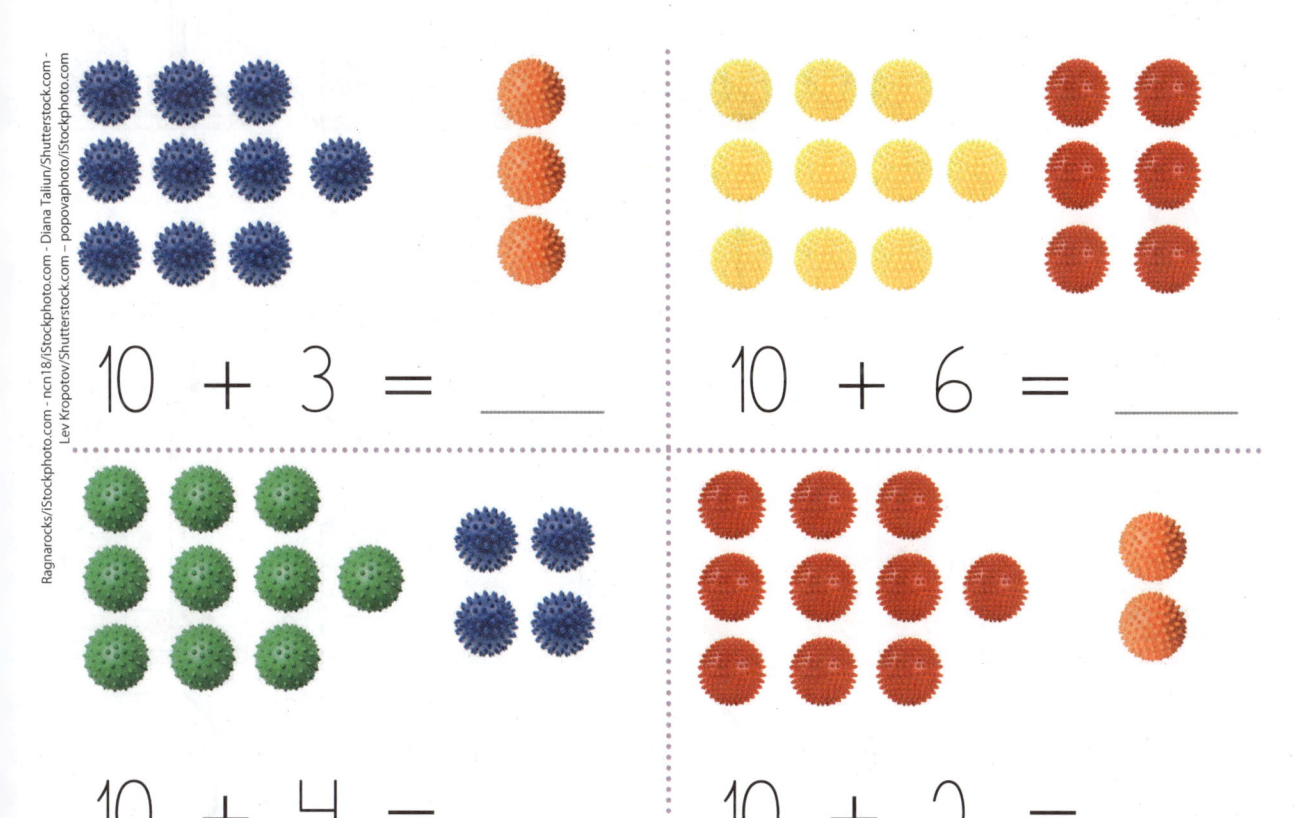

10 + 3 = ___   10 + 6 = ___

10 + 4 = ___   10 + 2 = ___

🤡 Complete a família do **10** com os números que faltam.

10 11
13 15
17

🤡 Conte as peças no ábaco e anote o número. Veja os modelos.

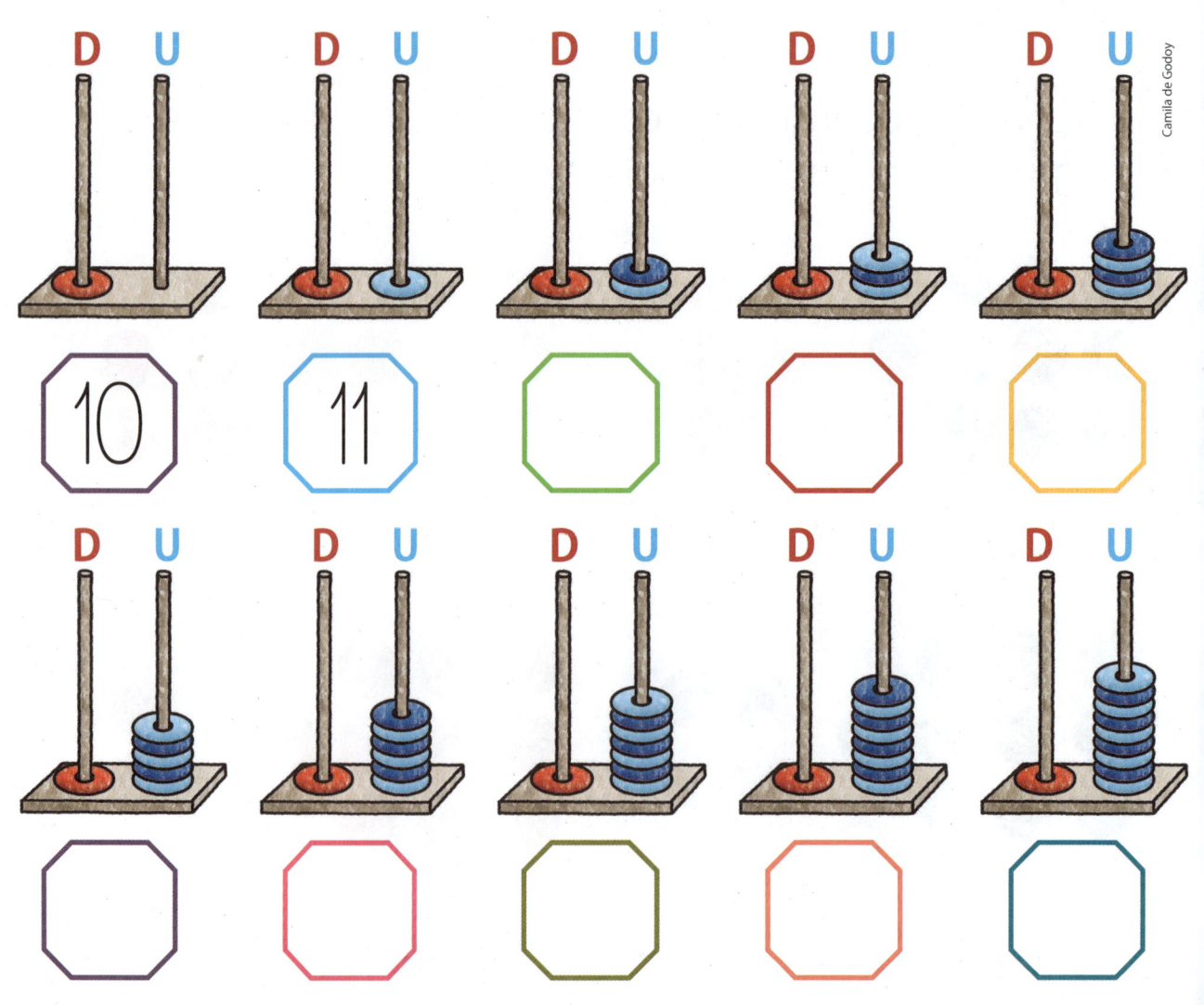

10 | 11 | ☐ | ☐ | ☐

☐ | ☐ | ☐ | ☐ | ☐

🤡 Conte as figuras e complete a atividade observando o modelo.

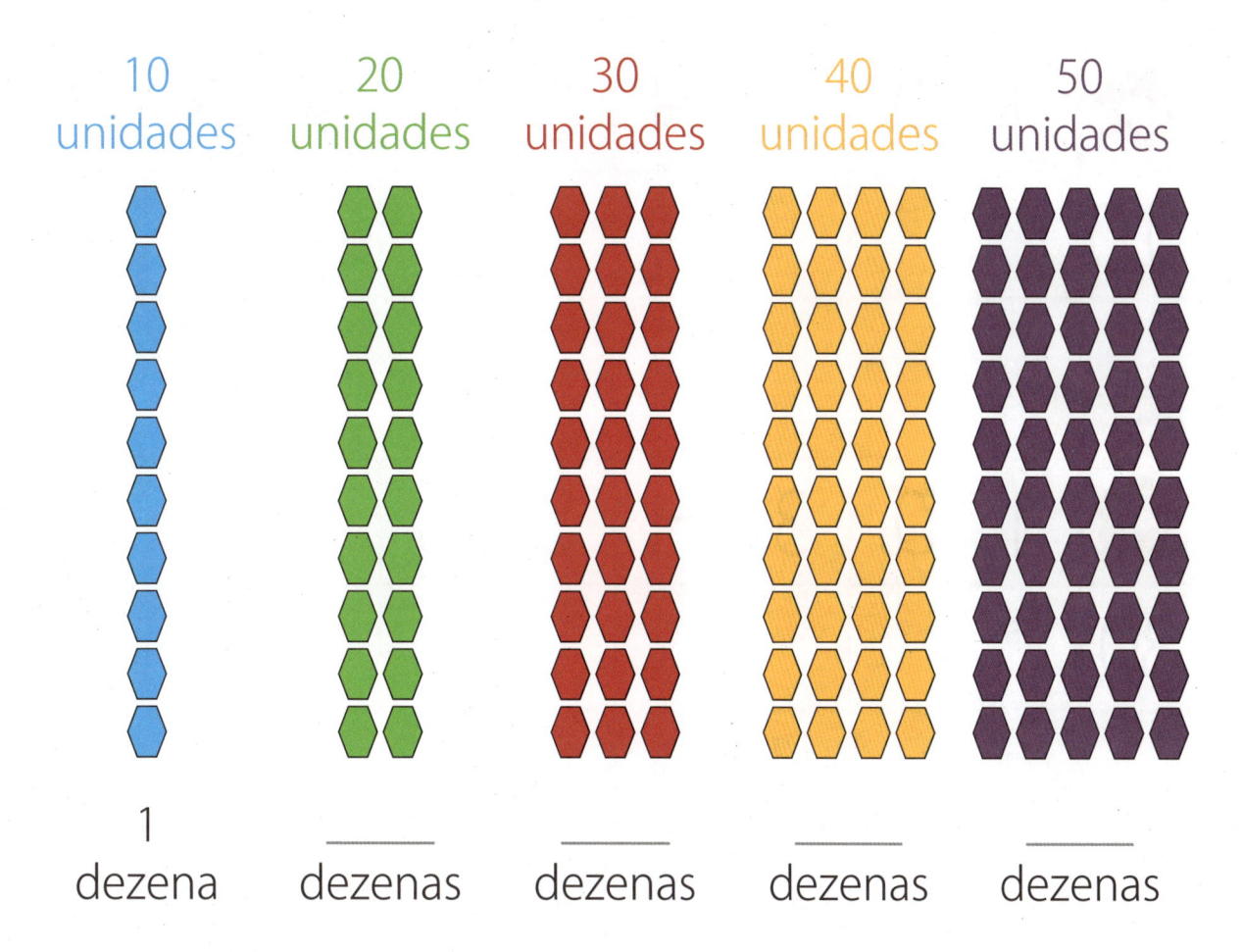

| 10 unidades | 20 unidades | 30 unidades | 40 unidades | 50 unidades |

1 dezena   ___ dezenas   ___ dezenas   ___ dezenas   ___ dezenas

🤡 Agora, escreva cada unidade na casa da unidade e cada dezena na casa da dezena. Veja o modelo.

1 dezena   2 dezenas   3 dezenas   4 dezenas   5 dezenas

D	U
1	0

1 0   2 0   3 0   4 0   5 0

Complete as tabelas e forme as famílias do **20**, do **30**, do **40** e do **50**. Depois, copie os números nas linhas.

	1	2	3	4	5	6	7	8	9
20									

_____

	1	2	3	4	5	6	7	8	9
30									

_____

	1	2	3	4	5	6	7	8	9
40									

_____

	1	2	3	4	5	6	7	8	9
50									

_____

Complete as tabelas e forme as famílias do **60**, do **70**, do **80** e do **90**. Depois, copie os números nas linhas.

	1	2	3	4	5	6	7	8	9
60									

_____

	1	2	3	4	5	6	7	8	9
70									

_____

	1	2	3	4	5	6	7	8	9
80									

_____

	1	2	3	4	5	6	7	8	9
90									

_____

🤡 Conte e circule as dezenas.

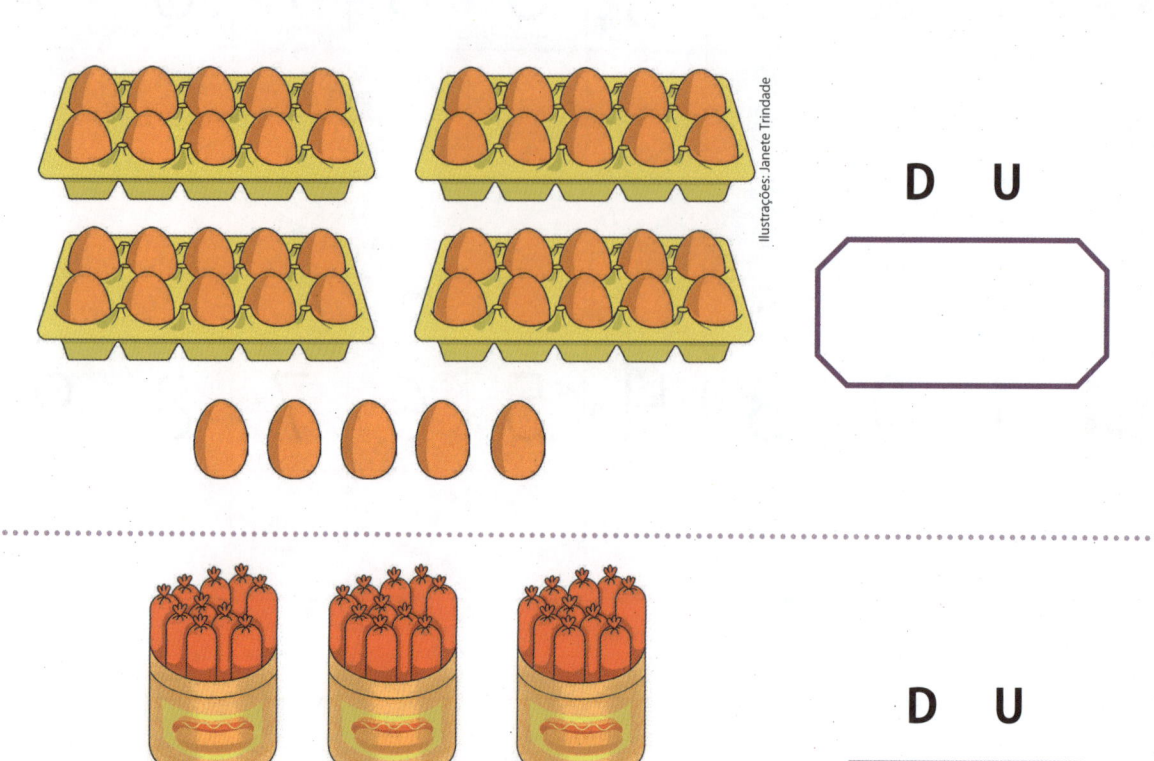

🤡 Conte e marque um **/** nas unidades.

🤡 Depois, escreva os números.

D U

D U

D U

234

👦 Escreva a família dos números a seguir.

10, ____, ____, ____, ____, ____, ____, ____, ____, ____
20, ____, ____, ____, ____, ____, ____, ____, ____, ____
30, ____, ____, ____, ____, ____, ____, ____, ____, ____
40, ____, ____, ____, ____, ____, ____, ____, ____, ____
50, ____, ____, ____, ____, ____, ____, ____, ____, ____
60, ____, ____, ____, ____, ____, ____, ____, ____, ____
70, ____, ____, ____, ____, ____, ____, ____, ____, ____
80, ____, ____, ____, ____, ____, ____, ____, ____, ____
90, ____, ____, ____, ____, ____, ____, ____, ____, ____

👦 Observe o modelo e continue a atividade.

10 unidades	20 unidades	30 unidades	40 unidades	50 unidades
1 dezena	___ dezenas	___ dezenas	___ dezenas	___ dezenas

60 unidades	70 unidades	80 unidades	90 unidades
___ dezenas	___ dezenas	___ dezenas	___ dezenas

235

Conte as peças no ábaco e escreva a quantidade de dezenas e unidades.

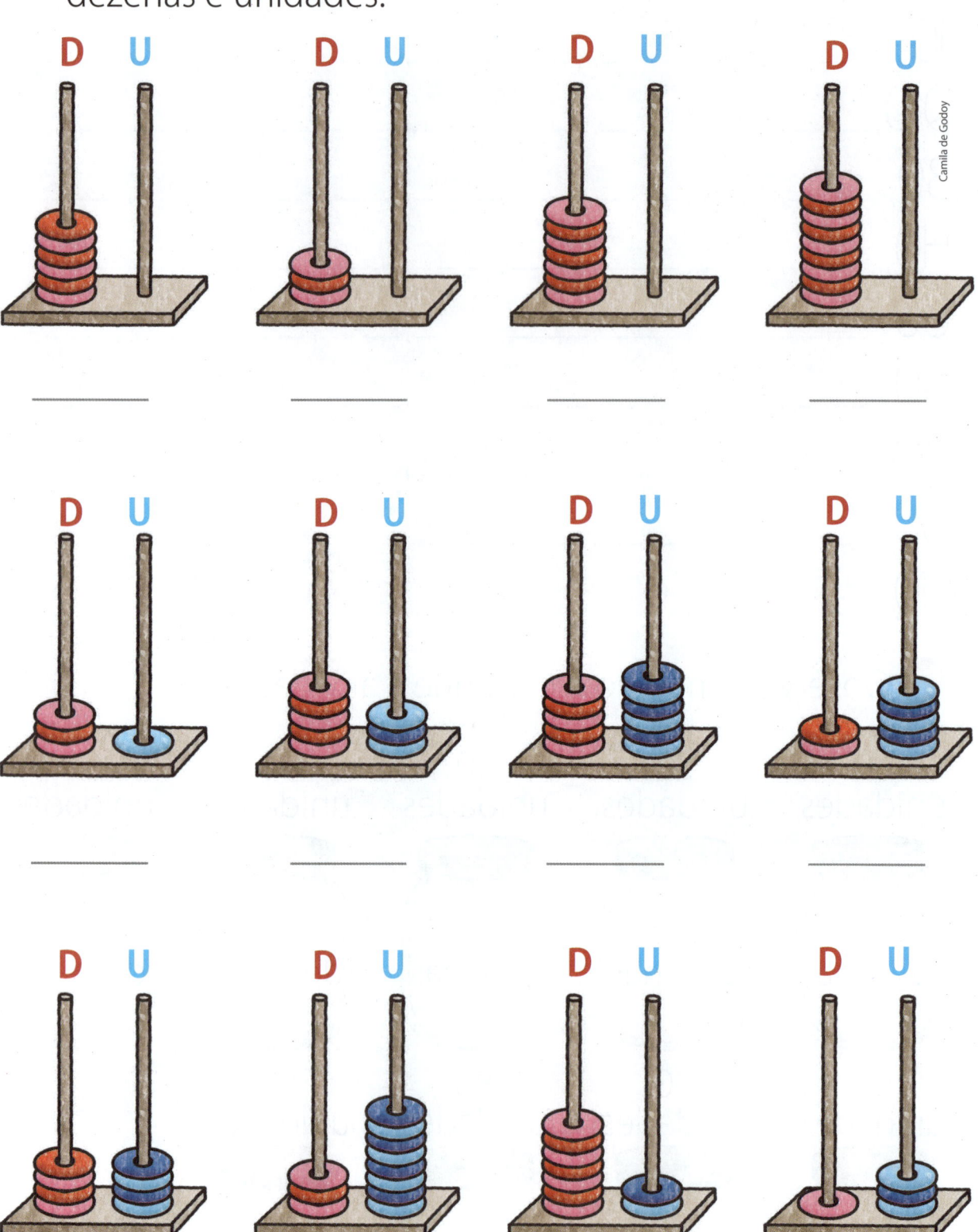

Dúzia

🤡 Conte os ovos e numere-os. Depois, escreva no quadrinho o número correspondente à quantidade de ovos da caixa.

12 ovos = 12 unidades
12 unidades formam **1 dúzia**

🤡 Pinte apenas **1 dúzia** de ovos em cada galinha.

🤡 Ligue as peras **verdes** a uma cesta e as **amarelas** a outra cesta. Depois, escreva em cada cesta a quantidade de peras que ela tem.

- Há quantas peras ao todo? _____
- Há quantas peras **verdes**? _____
- Há quantas peras **amarelas**? _____

6 unidades formam meia dúzia

🤡 Agora, desenhe **meia dúzia** de maçãs em uma cesta e **meia dúzia** de laranjas na outra cesta. Depois, conte quantas frutas há nas duas cestas juntas e escreva o número no quadrinho.

+

238

meia dúzia + meia dúzia = 1 dúzia

Em cada **dúzia** de figuras iguais, pinte **meia dúzia** de **vermelho** e **meia dúzia** de **amarelo**.

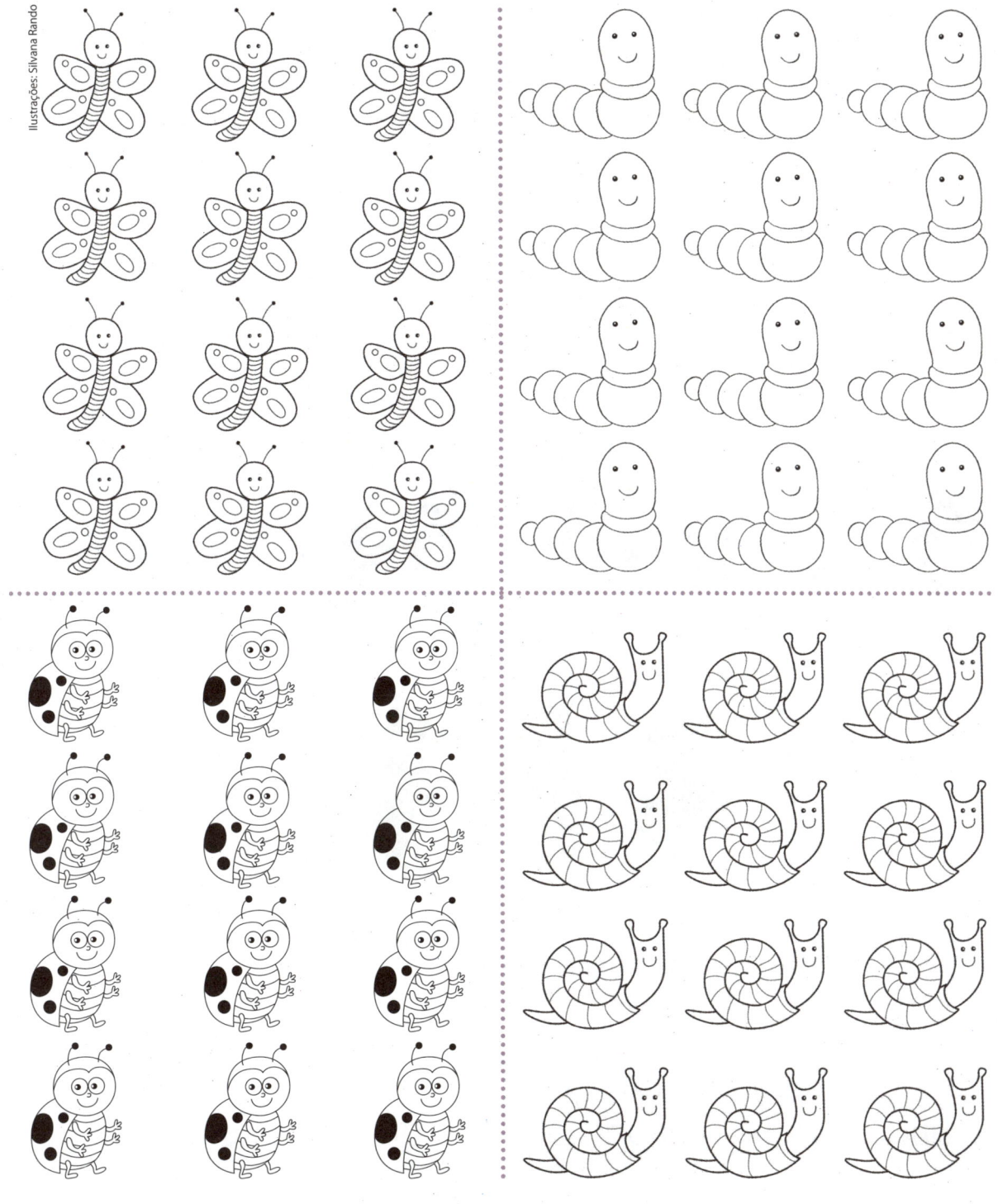

Números pares e números ímpares

— Quantas unidades e quantos pares existem em cada conjunto?

🤡 Em cada conjunto, circule os pares e indique as quantidades, conforme o modelo.

2 unidades
1 par

_____ unidades
_____ pares

_____ unidades
_____ pares

_____ unidades
_____ pares

— Sobrou alguma unidade nos quadros?

Quando juntamos quantidades de **dois em dois** e **não sobram** unidades, dizemos que o número é **par**.

👤 **Desenhe bichinhos para ilustrar a quantidade de unidades indicadas e escreva quantos pares podem ser formados em cada conjunto.**

Unidades		Pares
2		
4		
6		
8		
10		

Os números **pares** são: **0**, **2**, **4**, **6** e **8**.
Todos os números maiores que 9 terminados com os algarismos **0**, **2**, **4**, **6** e **8** também são **pares**.

— **Quantas unidades e quantos pares existem em cada conjunto?**

Em cada conjunto, circule os pares e indique as quantidades, conforme o modelo.

3 unidades
1 par
Sobra 1.

____ unidades
____ pares
Sobra ____.

____ unidades
____ pares
Sobra ____.

____ unidades
____ pares
Sobra ____.

— **Sobrou alguma unidade nos quadros?**

Quando juntamos quantidades de **dois em dois** e **sobra 1** unidade, dizemos que o número é **ímpar**.

Desenhe bonequinhos para ilustrar a quantidade de unidades indicadas e circule-os de dois em dois. Depois, risque os bonequinhos que sobrarem e complete o quadro.

Unidades		Pares	Sobras
1			
3			
5			
7			
9			

Os números **ímpares** são: **1**, **3**, **5**, **7** e **9**.
Todos os números maiores que 9 terminados com os algarismos **1**, **3**, **5**, **7** e **9** também são **ímpares**.

Números ordinais

As crianças estão em fila para tomar vacina.

- Observe a ordem da fila e ligue cada criança a seu balão.
- Circule a primeira criança que será vacinada.
- Faça um **/** na terceira criança que tomará vacina.

Para indicar ordem, posição ou lugar, usamos os **números ordinais**.

Veja os números ordinais até o 10º.

1º – primeiro   5º – quinto   9º – nono
2º – segundo   6º – sexto   10º – décimo
3º – terceiro   7º – sétimo
4º – quarto   8º – oitavo

Pinte de **cinza** o **1º** e o **6º** ratinho.

Pinte de **amarelo** a **3ª**, a **5ª** e a **7ª** borboletinha.

Pinte de **vermelho** a **2ª** e a **4ª** joaninha.

Pinte de **azul** o **2º** e o **5º** passarinho e de **verde** o **8º** e o **9º** passarinho.

Números romanos até X

Os romanos usavam letras para representar os números. Veja:

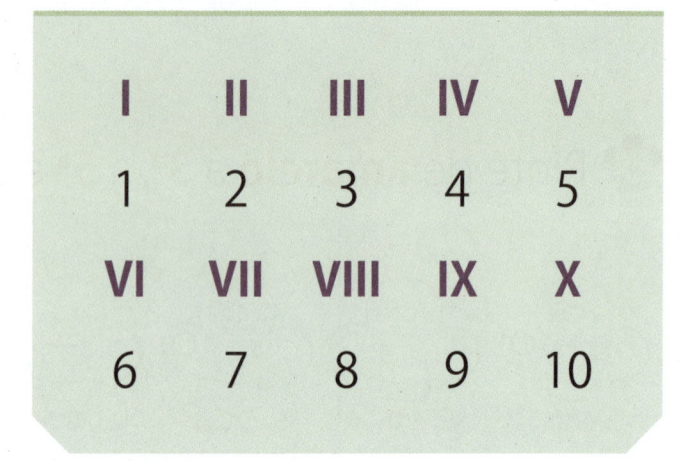

I	II	III	IV	V
1	2	3	4	5
VI	VII	VIII	IX	X
6	7	8	9	10

Observe os números romanos acima e desenhe a quantidade de figuras indicada em cada quadro abaixo.

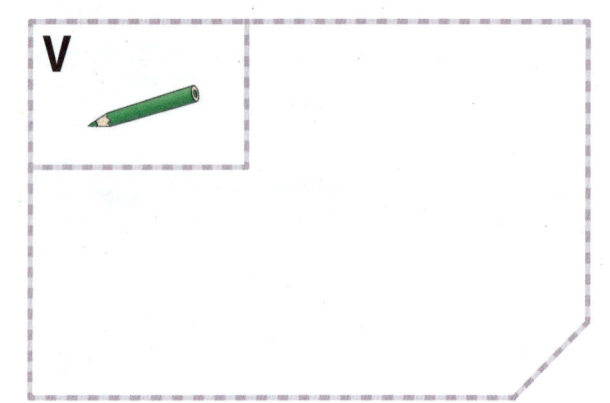

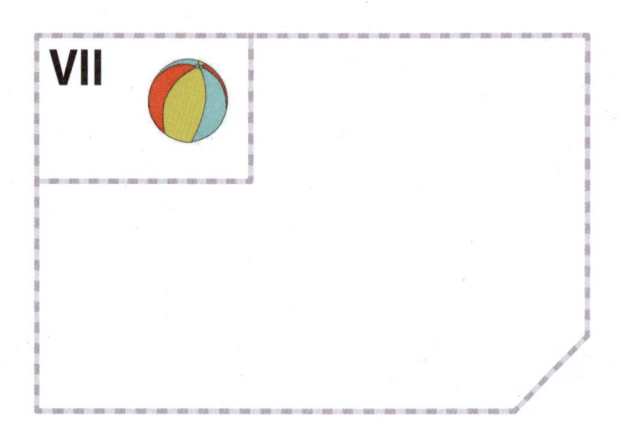

III

V

VII

X

Circule o despertador em que aparecem **números romanos**.

Escreva os números em algarismos romanos.

1	2	3	4	5

6	7	8	9	10

Nosso dinheiro

— Para que serve o dinheiro?

Nosso dinheiro chama-se **real**.
O real existe na forma de cédulas e moedas.
O símbolo do real é **R$**.

— Você sabe identificar o valor de cada moeda?

Circule a moeda que vale **mais** e faça um **X** na que vale **menos**.

Coloque algumas moedas por baixo desta folha, na altura do quadro, e passe o lápis sobre o papel por cima delas para ver o que acontece.

— Vamos brincar de contar moedas?

Desenhe mais moedas de R$ 1,00 até chegar ao valor mostrado em cada cofrinho.

R$ 18,00

R$ 5,00

R$ 20,00

R$ 10,00

R$ 14,00

Ligue cada valor à cédula correspondente. Depois, faça um **X** ao lado da cédula de **maior** valor.

- 20 reais
- 2 reais 
- 5 reais 
- 50 reais 
- 100 reais 
- 10 reais

Medidas
Litro

O **litro** (**L**) é a unidade de medida usada para medir a quantidade de **líquido** de um recipiente.

Seu Aníbal tem uma vaquinha que dá bastante leite.

Ligue seu Aníbal ao instrumento que ele usará para medir a quantidade de leite que sua vaquinha produziu hoje.

Marque um **X** nos produtos que compramos por litro.

Metro

🤡 Marque um **X** somente nos instrumentos que servem para medir comprimento.

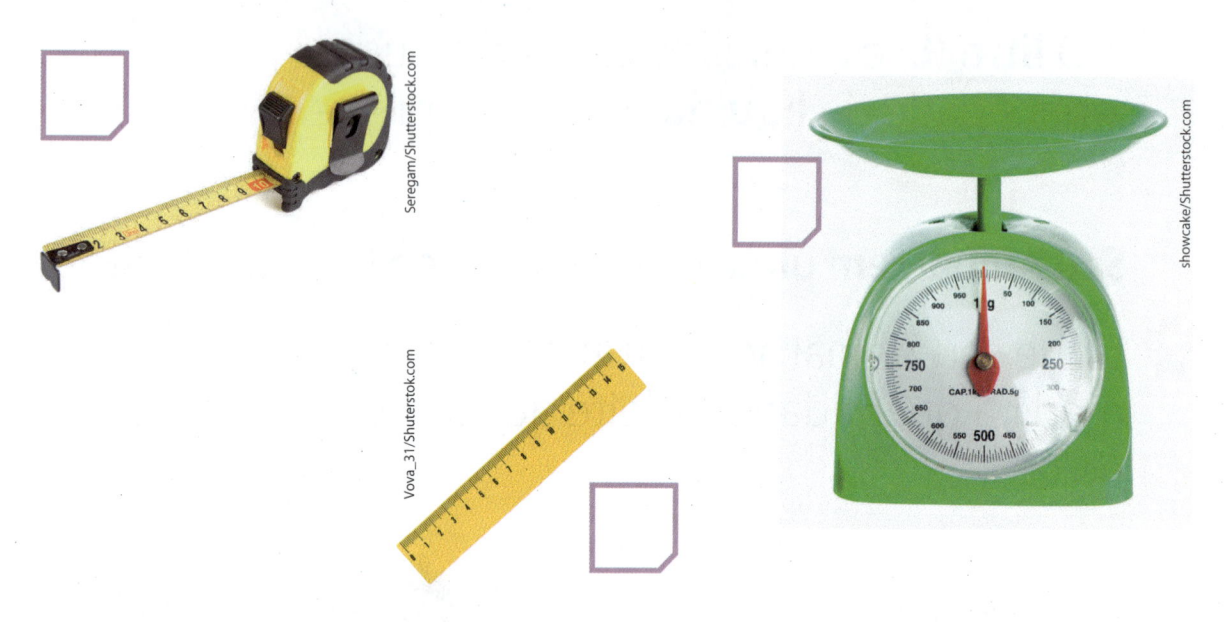

🤡 Agora, circule o que podemos comprar por metro.

> O **metro** (**m**) é a unidade de medida usada para medir o **comprimento**, a **altura** e a **largura**.

Quilograma/quilo

O professor pesará todas as crianças da turma.

Escreva o nome, desenhe e anote o peso de três colegas.

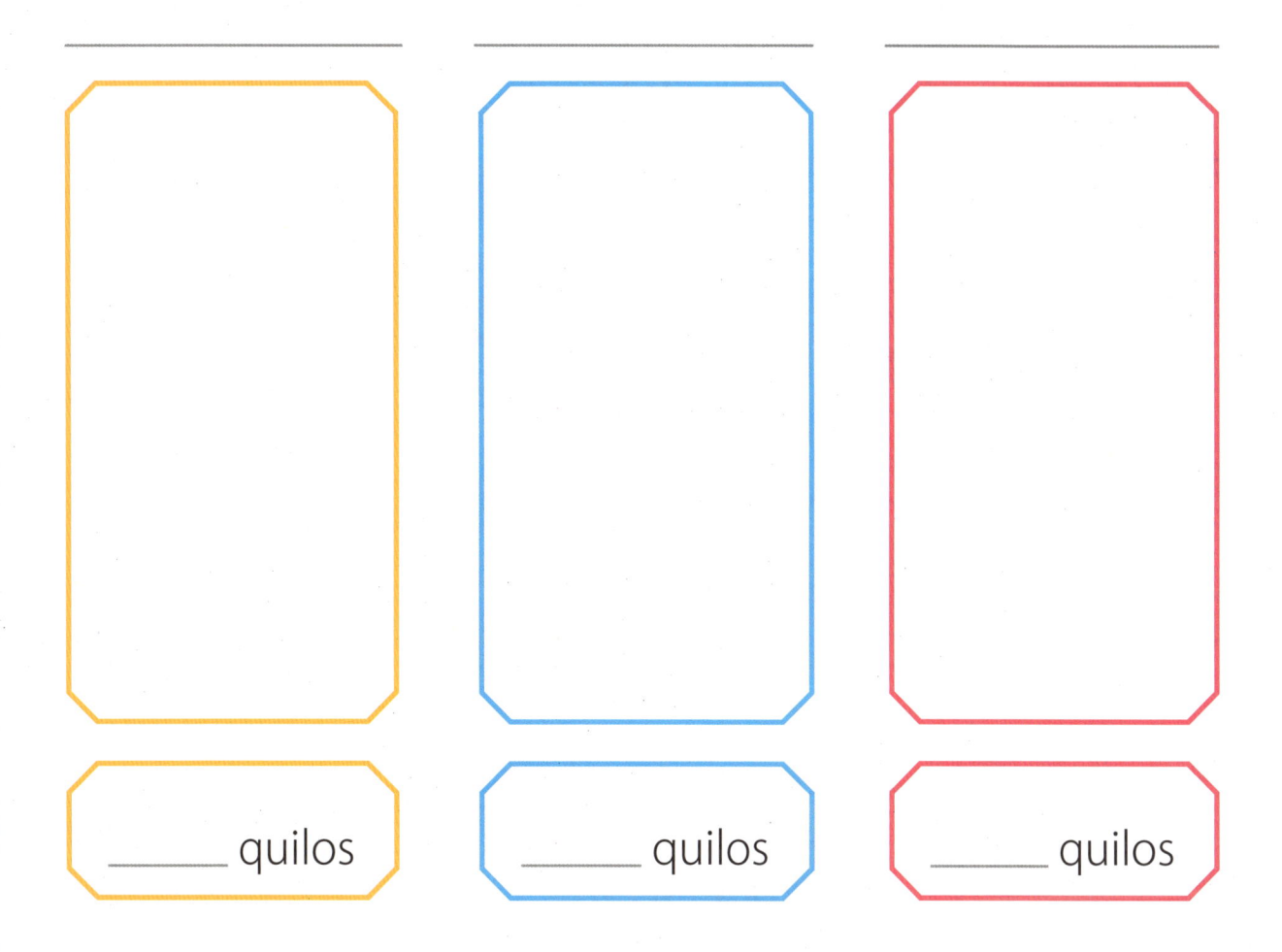

_____ quilos   _____ quilos   _____ quilos

Agora, faça um **X** no desenho que corresponde à criança **mais pesada** e uma **/** na criança **mais leve**.

O **quilo** (**kg**) é a unidade de medida usada para medir o "**peso**" de pessoas, alimentos, objetos e mercadorias em geral.

Estes profissionais usam instrumentos de medida diferentes.

— O que cada profissional está medindo?

🤡 Pinte somente os instrumentos que os profissionais estão usando para medir.

Horas exatas

Tic... tac... tic... tac...
Trabalham os ponteirinhos:
O pequeno marca as horas,
O grande, os minutinhos.

Texto escrito especialmente para esta obra.

O instrumento que utilizamos para medir o **tempo** é o **relógio**.

Escreva os números que faltam no primeiro relógio e, depois, desenhe o ponteiro pequeno nos outros relógios para marcar a hora indicada.

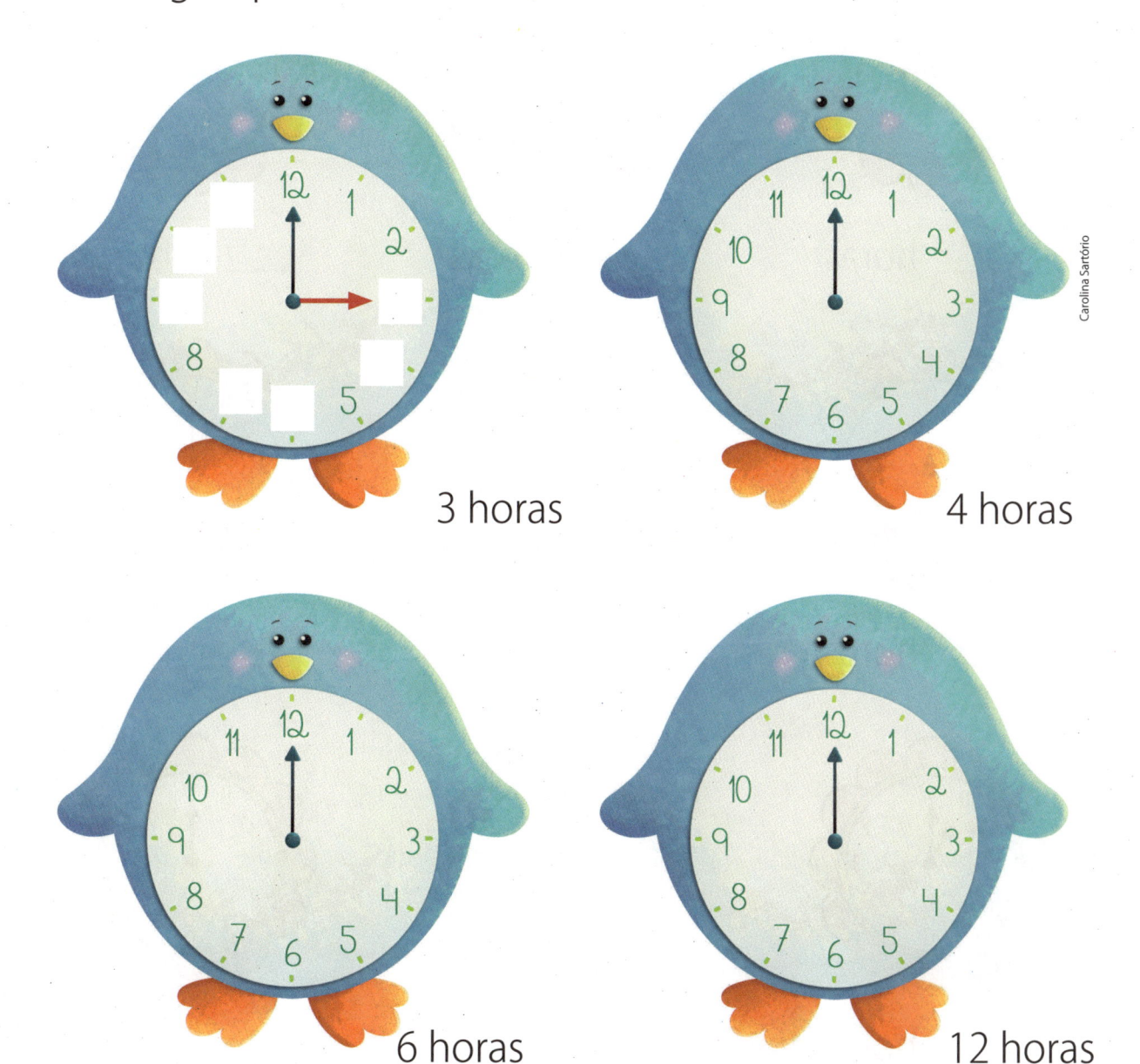

3 horas

4 horas

6 horas

12 horas

Quando o **ponteiro maior** aponta para o número **12**, o relógio está marcando **horas exatas**.

— **Que horas são?**

Observe os ponteiros de cada relógio e escreva a hora que estão marcando.

_____ horas    _____ horas    _____ horas

_____ horas    _____ horas    _____ horas

_____ horas    _____ horas    _____ hora

Geometria

Linhas curvas abertas, linhas curvas fechadas e linhas retas

🤡 Cubra os pontilhados.

— Que animaizinhos podem apanhar seu alimento sem atravessar a fronteira?

🤡 Mostre a eles o caminho usando um lápis **vermelho**.

🤡 Faça um **X** nos animais que estão dentro de uma curva fechada.

Ligue os ursinhos iguais usando uma linha reta. Depois, ligue os passarinhos iguais com uma linha curva.

Desenhe três curvas fechadas e pinte cada interior de uma cor.

Cubra de **verde** as **linhas retas** e de **amarelo** as **linhas curvas**.

259

Figuras geométricas planas

— Que figuras geométricas são estas?

Cubra os tracejados seguindo a direção indicada pelas setas. Depois, continue desenhando mais **círculos**, **quadrados**, **triângulos** e **retângulos** dentro dos tracejados.

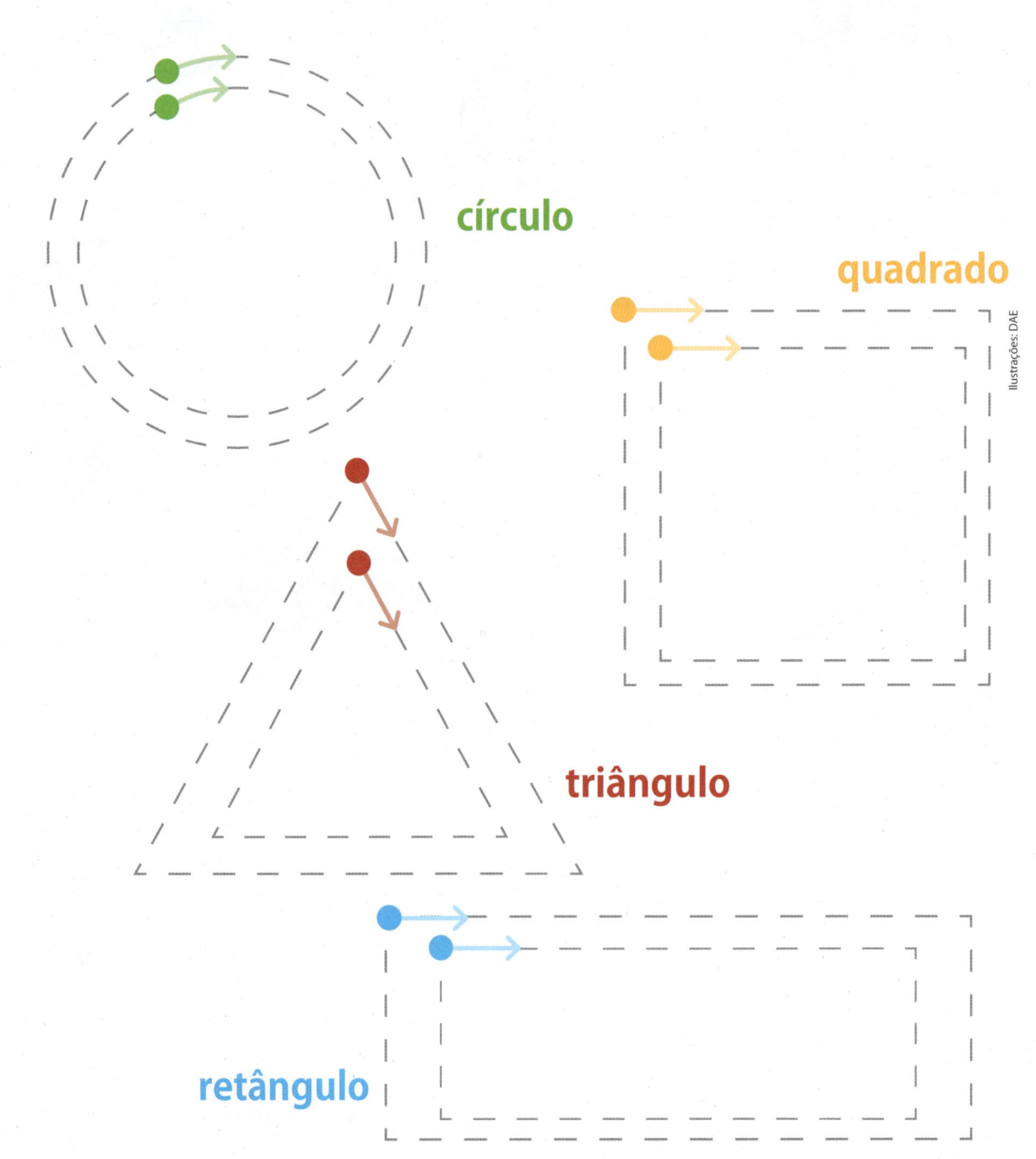

círculo

quadrado

triângulo

retângulo

Figuras geométricas espaciais

🤡 Observe bem cada peça do modelo colorido e pinte as peças iguais com a mesma cor.

Ilustrações: Carolina Sartório

🤡 Agora, use cores iguais às dos modelos para pintar as peças colocadas do mesmo modo.

261

Em nosso dia a dia, vemos diversos objetos que lembram formas geométricas.

🤡 Cubra os pontilhados e pinte as figuras geométricas formadas.

🤡 Ligue cada figura geométrica aos objetos com forma semelhante a ela. Use uma cor para cada forma.

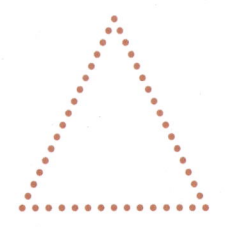

É tempo de Natureza

Ordem,
Em seu lugar,
Sem rir,
Sem falar.
Com um pé,
Com o outro.
Com uma mão,
Com a outra.
Bate palmas,
Piruetas,
Em cruz,
Bola.

Parlenda.

SUMÁRIO

Nosso corpo 265
Hábitos de higiene 272
Os sentidos 276
Visão
Audição
Gustação
Olfato
Tato

Seres vivos 282
Elementos não vivos 287
Os animais 289
As plantas 303
Cuidados com o ambiente 312
O dia e a noite 314
O Sol, a chuva e o vento 316
As estações do ano 320

Nosso corpo

Nosso corpo é formado por cabeça, tronco e membros. Os membros superiores são os braços; os membros inferiores são as pernas.

- Desenhe um rosto para cada boneco.

- Destaque esta folha, cole-a em um pedaço de cartolina e recorte os bonecos nas linhas tracejadas.

- Coloque um prendedor de roupa em cada bolinha das figuras para formar os membros superiores e os membros inferiores.

Modelo:

Recorte as etiquetas da parte inferior da página e cole-as no lugar correspondente.

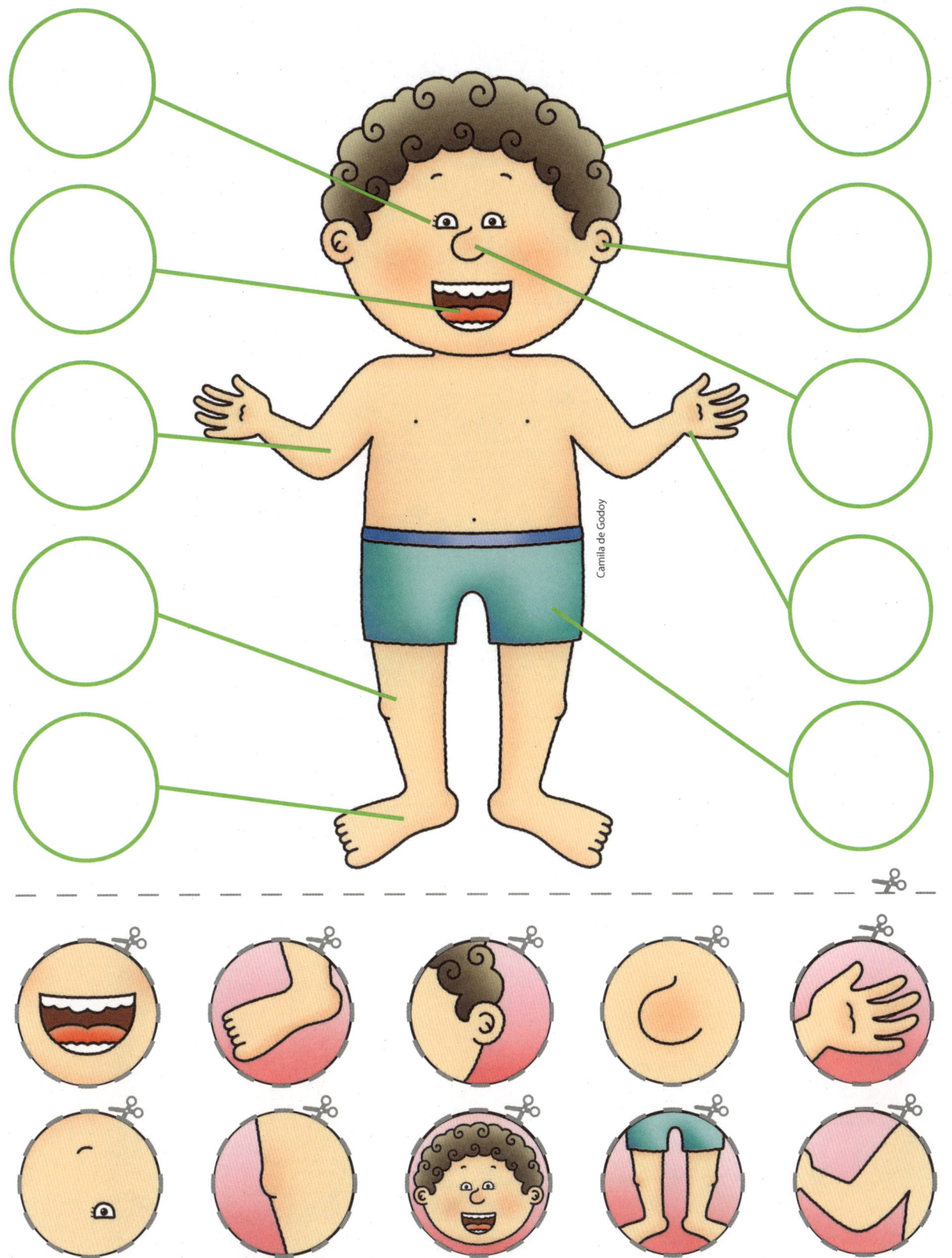

⭐ **Complete a boneca desenhando a outra metade dela. Depois, marque um:**

- ⭐ **/** na cabeça;
- ⭐ **O** no tronco;
- ⭐ **X** nos membros superiores;
- ⭐ **O** nos membros inferiores.

Bogdan Florea/Shutterstock.com

🤡 Desenhe o que falta em cada palhaço para que todos fiquem iguais.

🤡 Marque os palhaços conforme a legenda.

X Ele mostra o ombro.
/ Ele mostra o cotovelo.
O Ele mostra o joelho.
● Ele mostra o pé.

Cada criança está produzindo um som ao movimentar algumas partes do corpo: Ivo canta, Vivi bate palmas, Luísa assobia e Lia bate o pé no chão.

🤡 Circule as crianças de acordo com a legenda.

- ⭐ Ivo de **azul**.
- ⭐ Vivi de **vermelho**.
- ⭐ Luísa de **verde**.
- ⭐ Lia de **amarelo**.

🤡 Pinte a criança que não foi circulada.

— O que ela está fazendo?

Hábitos de higiene

Para ter boa saúde é muito importante manter a higiene do corpo e dos ambientes.

— O que estas crianças estão fazendo?

Desenhe e pinte os objetos e os produtos que cada criança deve usar para fazer a higiene.

— **O que você faz para cuidar de sua higiene?**

Pinte a cena que mostra a próxima ação de cada criança.

🤡 Circule as crianças que têm atitudes que evitam cáries nos dentes.

🤡 Complete o que falta em cada figura e pinte os objetos de higiene pessoal que **só você deve usar**, ou seja, que não devem ser compartilhados.

Depois do lanche, as crianças precisam jogar a sujeira no lixo.

— Vamos ajudá-las?

Cubra o tracejado para formar a lixeira.

Agora, pinte as atitudes corretas.

Os sentidos

Podemos perceber o mundo ao nosso redor por meio dos cinco sentidos: visão, audição, gustação, olfato e tato.

🤡 Faça um **/** no menino que está enxergando e desenhe no círculo o órgão do sentido da **visão**.

— Por que o outro menino não está vendo?

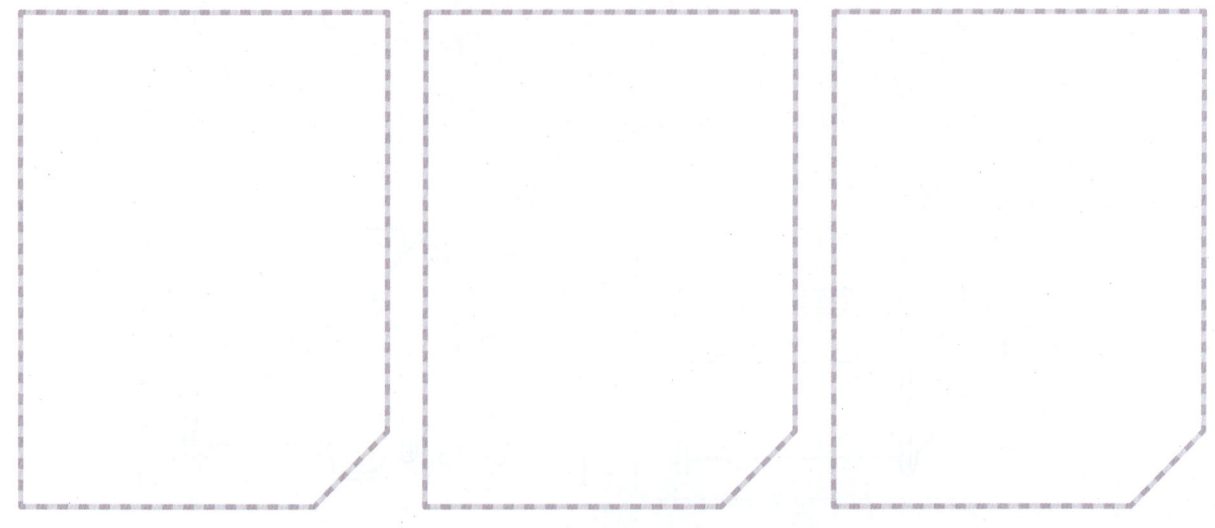

🤡 Desenhe três coisas que você está vendo agora.

— **Alice gosta de escutar músicas. E você, também gosta?**

— **Qual órgão do sentido a menina usa para escutar os sons?**

🤡 Desenhe no círculo o órgão do sentido da **audição**.

🤡 Feche os olhos e escute uma sequência de três palavras que o professor falará. Agora, desenhe para ilustrar o que você ouviu.

— Bia está comendo um delicioso bolinho. O que você gosta de comer?

— Qual órgão do sentido a menina usa para perceber o sabor dos alimentos?

Faça um **X** no órgão do sentido da **gustação**. Depois, desenhe-o no círculo.

Agora, desenhe três alimentos que você gosta de saborear.

— Huuum! Que flor perfumada!

— Qual órgão do sentido a menina usa para perceber o cheiro da flor?

Faça um / no órgão do sentido do **olfato**. Depois, desenhe-o no círculo.

Feche os olhos e sinta alguns cheiros. Desenhe três elementos que você achou mais cheirosos.

Com a pele, sentimos a textura e a temperatura das coisas.

🤡 Faça um **X** na criança que segura algo **áspero** e um **/** na criança que segura algo **macio**. Depois, desenhe no círculo o órgão do sentido do **tato**.

🤡 Agora, desenhe de acordo com o que se pede.

Algo gelado.	**Algo quente.**	**Algo macio.**

A turma de Zeca descobre muito ao ver, cheirar, ouvir e provar diferentes coisas.

Relacione e pinte as figuras usando as cores indicadas. Veja o modelo.

Seres vivos

As plantas, as pessoas e outros animais são seres vivos. Eles nascem, crescem, podem se reproduzir e morrem.

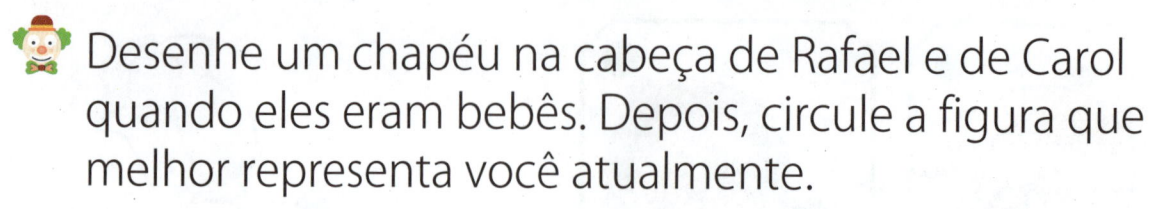

🤡 Observe Rafael e Carol em diversas fases da vida.

🤡 Desenhe um chapéu na cabeça de Rafael e de Carol quando eles eram bebês. Depois, circule a figura que melhor representa você atualmente.

Ilustrações: Silvana Rando

🤡 Faça um quadro ao redor dos **seres vivos**. Veja o modelo.

🤡 Agora, desenhe e pinte seres que têm vida.

Recorte as cenas da página 285 e cole-as abaixo seguindo a ordem do ciclo de vida de uma tartaruga marinha.

285

Elementos não vivos

As pedras, a água, o ferro, a mesa e o lápis são exemplos de elementos não vivos.

Eles não nascem, não crescem, não se reproduzem e não morrem.

Pinte as bolinhas somente dos elementos não vivos.

🤡 Observe a cena e pinte-a. Depois, desenhe os elementos da cena nos quadros de acordo com sua classificação.

Seres vivos

Elementos não vivos

Os animais

Os animais são diferentes uns dos outros, mas todos têm importância para o ambiente e para a vida no planeta.

Identifique quais animais estão na figura a seguir e pinte cada um de uma cor.

— Quais animais você encontrou? Converse com os colegas e o professor sobre o que você já sabe desses animais.

A vaquinha Mimosa está feliz porque ganhou de aniversário um bolo todo de capim.

Observe cada animalzinho e ligue-o ao bolo predileto dele.

290

As aves nascem de ovos, têm bico, penas, dois pés, duas asas e, geralmente, podem voar. Algumas das aves que não voam são a ema, o pinguim e o avestruz.

🤡 Em cada ave, faça o que se pede:

○ nas asas;   ○ no bico;   ○ nos pés.

🤡 Depois, desenhe um ovo para cada ave.

🤡 Complete o que falta em cada passarinho para que todos fiquem iguais.

Os mamíferos são animais que mamam quando filhotes e, geralmente, têm o corpo coberto de pelos.

Os filhotes se desenvolvem na barriga das fêmeas até o momento de nascer.

Desenhe e pinte filhotes para cada mamífero.

Circule um dos animais acima para responder a adivinha a seguir.

O que é, o que é?
Tem olhos de gato, rabo de gato, orelhas de gato, mas não é gato?

Os peixes vivem na água, têm cores e tamanhos variados e nadam para se locomover. Geralmente eles apresentam escamas ou um tipo de pele especial para proteção.

Observe a fotografia. Depois, cubra o tracejado ao lado com lápis de cor e desenhe mais escamas no corpo do peixe.

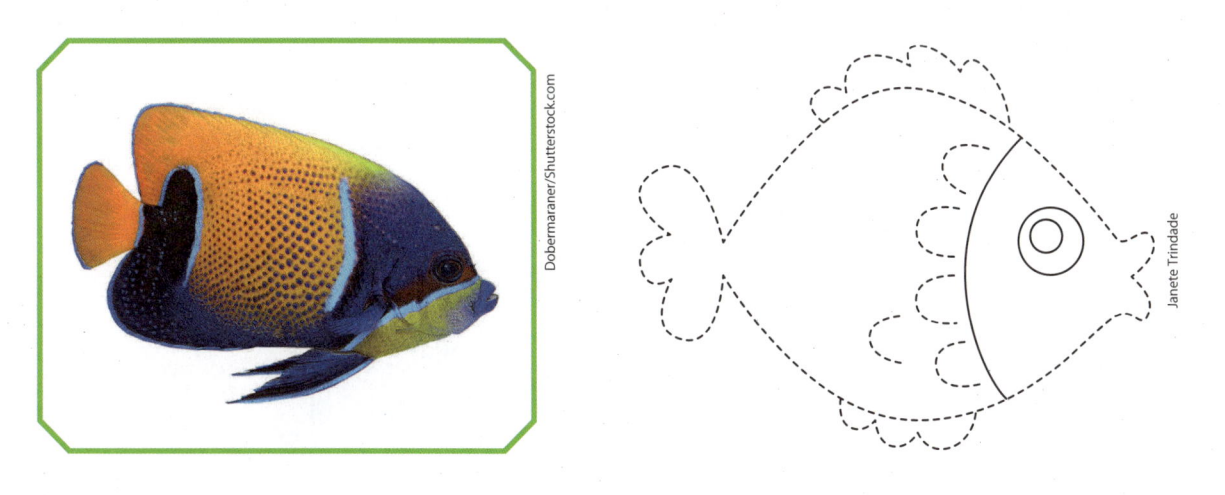

Agora, faça desenhos no corpo dos peixinhos seguindo os modelos de mesma cor. Depois, pinte a cauda e as nadadeiras de todos os peixinhos.

Os répteis têm o corpo coberto por escamas ou placas duras. Locomovem-se rastejando pelo solo.

Siga o passo a passo e desenhe uma tartaruga.

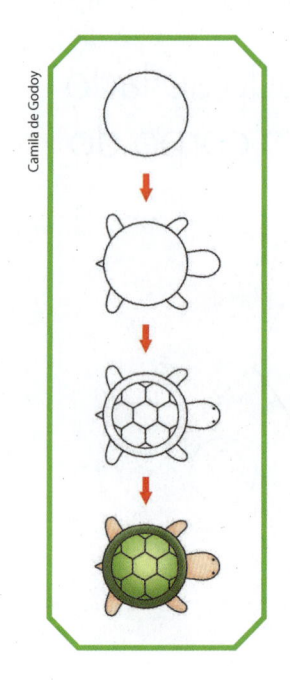

Agora, descubra outro réptil pintando com as cores indicadas os espaços que têm pontinhos.

Os anfíbios são animais que têm o corpo geralmente coberto por uma pele lisa, fina e úmida.

Eles passam por duas fases de desenvolvimento. Na fase larval, são aquáticos; na fase adulta, habitam o meio terrestre úmido.

— Veja! O girino virou sapo!

Faça o que se pede:

X nos ovinhos de sapo;
/ no girino nadando;
● no sapinho que ainda está com cauda.

Depois, pinte de **verde** o sapo na fase adulta.

295

Os animais silvestres não podem viver próximos às pessoas. Podemos encontrá-los em florestas, matas, savanas ou zoológicos.

Encontre e pinte quatro animais silvestres nesta mata.

— **Vamos cantar?**

Não atire o pau no gato

Não atire o pau no gato-to
Porque isso-so
Não se faz-faz-faz
O gatinho-nho
É nosso amigo-go
Não devemos maltratar os animais.
Miau!

Cantiga.

— **Você tem um animal de estimação?**

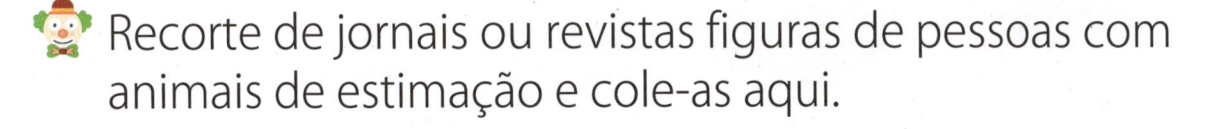

Recorte de jornais ou revistas figuras de pessoas com animais de estimação e cole-as aqui.

Animais domesticados são aqueles que podem viver próximo às pessoas.

Observe cada animal. Depois, desenhe nos respectivos quadros outros **animais silvestres** e **domesticados**.

Animais silvestres

Animais domesticados

Alguns animais podem ajudar os seres humanos nos trabalhos do campo, servir de meio de transporte ou fornecer alimentos e outros produtos. Eles são chamados de animais úteis.

Conte o que acontece em cada quadro e faça o que se pede:

- **X** na ovelha que está com o corpo coberto de lã;
- **/** na lã que está sendo tingida;
- **●** nas peças de roupa que foram tecidas com lã.

Depois, desenhe e pinte mais um novelo de lã.

— **Quais alimentos estes animais podem fornecer aos seres humanos?**

Cubra o caminho de cada animal até o alimento que ele pode fornecer aos seres humanos.

Faça um **X** nos animais que podem fornecer carne, circule o que pode fornecer ovos e faça um **/** no que pode fornecer mel.

Alguns animais são considerados nocivos, pois podem destruir plantações ou transmitir doenças a seres humanos e outros animais.

— Por que os animais abaixo são nocivos aos seres humanos?

Circule os animais de acordo com a legenda.

○ **Picada venenosa.**
○ **Destrói plantações.**
○ **Transmite doenças.**

rato

cobra

formiga

mosquito

gafanhoto

barata

aranha

As plantas

As plantas são seres vivos. Para crescer, elas precisam de luz e calor do Sol, água e terra fértil, rica em nutrientes.

Observe a plantinha e pinte os amigos dela. Depois, faça um **X** em quem pode não fazer bem para ela.

— Por que o sapo é amigo das plantinhas?
— E por que o gafanhoto e a formiga podem não ser?

— Vamos fazer uma experiência?

Material:

- potinho de iogurte vazio e limpo
- chumaço de algodão
- grãos de feijão
- água

Modo de fazer a experiência:

1. Coloque o algodão dentro do pote e, por cima, os grãos de feijão.

2. Molhe o algodão uma vez ao dia.

3. Deixe o pote receber luz e calor do Sol.

4. Observe-o por alguns dias, sempre regando os grãos. Depois, desenhe o que aconteceu.

O professor mostrará algumas reproduções de obras de arte do artista Romero Britto.

🤡 Converse com os colegas sobre as formas e as cores das flores apresentadas nas telas.

🤡 Agora é a sua vez! Crie um desenho e pinte-o, fazendo uma releitura das obras de Romero Britto.

Ligue as partes da planta aos lugares correspondentes na figura à direita. Depois, pinte a planta com as cores indicadas.

raiz

caule

flor

fruto

folha

— **Você conhece estas plantas?**

Desenhe e pinte nos quadros a fruta de cada planta.

morangueiro

bananeira

mexeriqueira

videira

Na horta são cultivados legumes e verduras.
— O que você acha que aconteceu primeiro?

🤡 Numere as cenas de **1** a **4** de acordo com a ordem dos acontecimentos. Depois, conte a história aos colegas.

— **Onde são cultivadas as frutas, as hortaliças e as flores?**

Cubra os tracejados para descobrir cada resposta e escreva o nome no quadro.

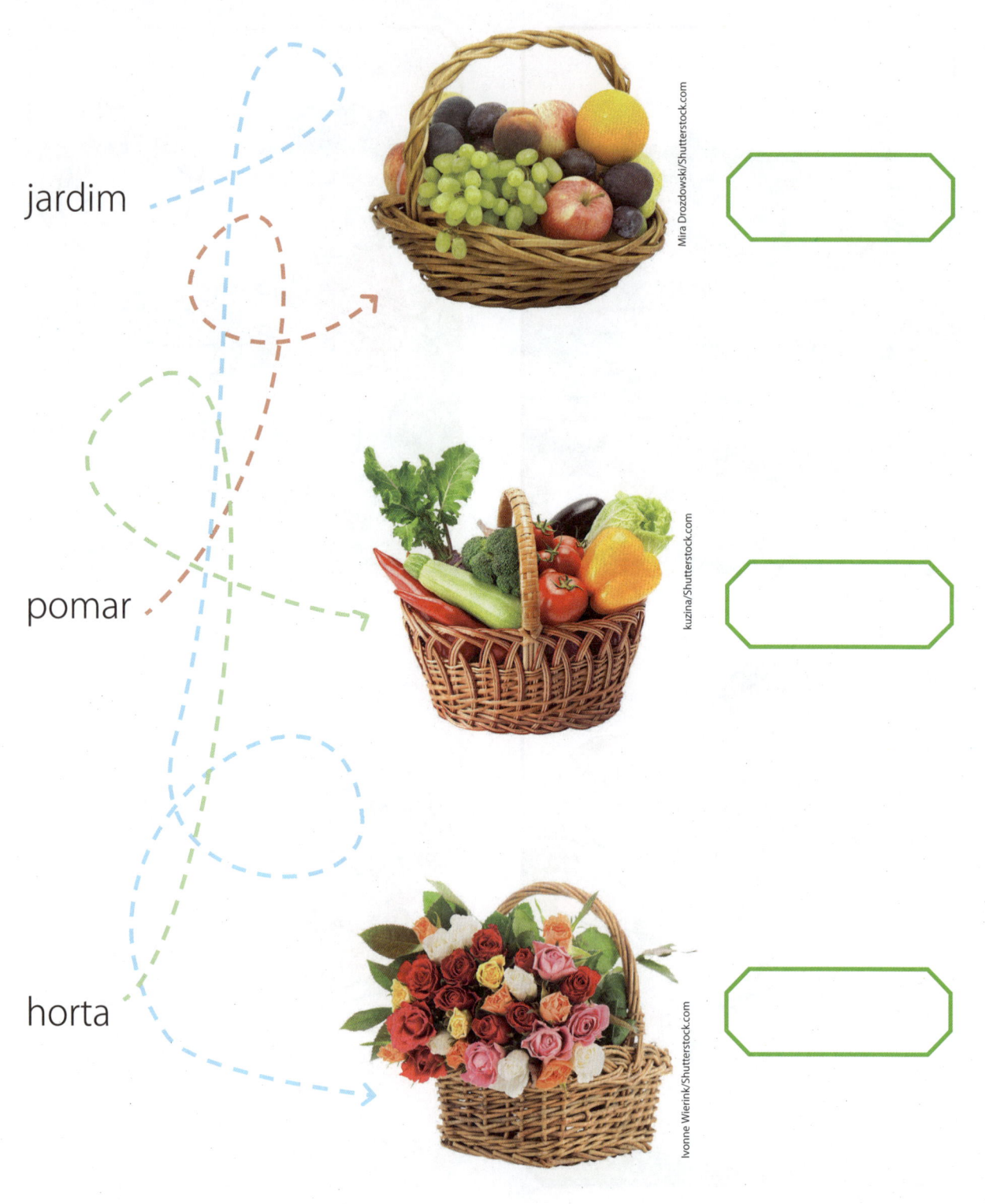

jardim

pomar

horta

Além de fazer sombra, dar flores e frutos, algumas árvores podem nos fornecer a madeira de seu tronco para a fabricação de móveis e objetos.

🤡 Cubra o tracejado e complete a figura da árvore. Depois, observe os objetos e circule os que foram feitos de madeira.

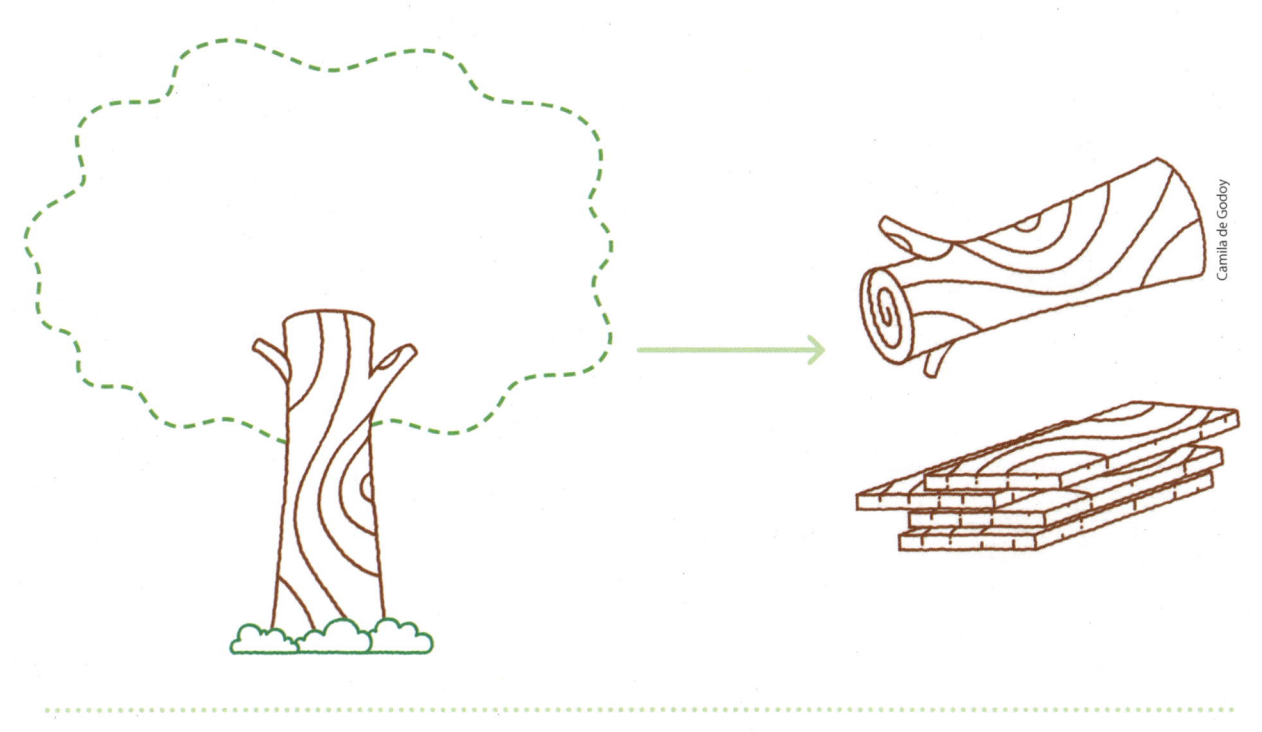

Cuidados com o ambiente

Todas as pessoas devem ajudar a preservar o meio ambiente.

— Você é amigo do meio ambiente?

Pinte as lixeiras com a cor indicada. Depois, ligue cada lixo à lixeira adequada para que os resíduos sejam reciclados.

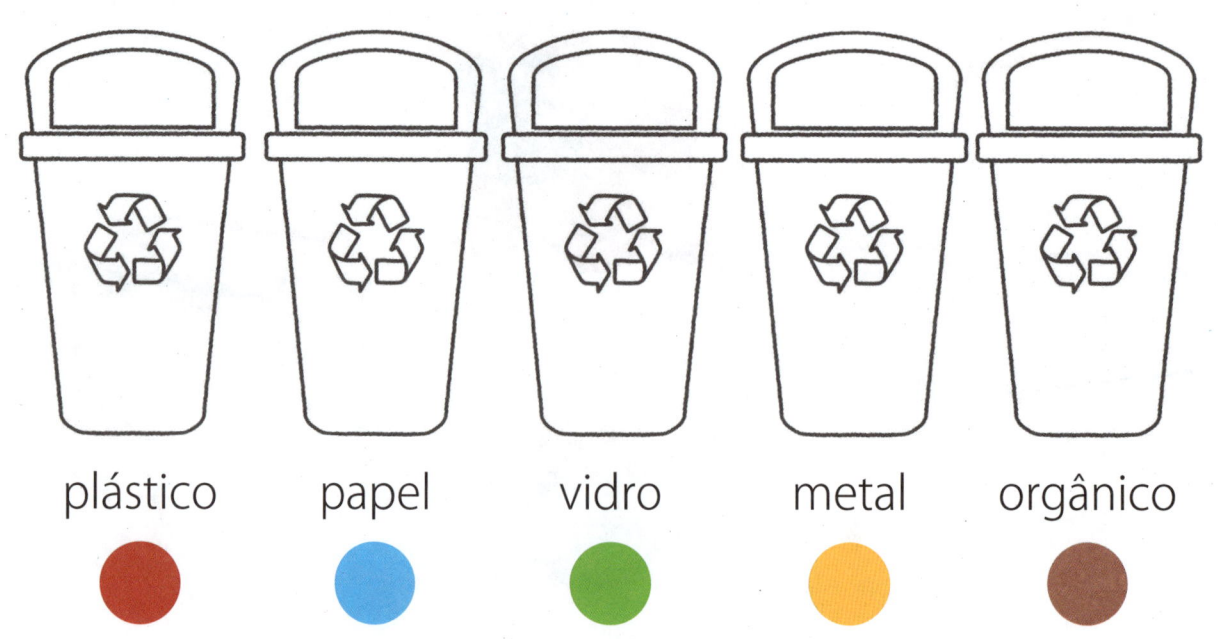

| plástico | papel | vidro | metal | orgânico |

— **O que podemos fazer para cuidar do ambiente em que vivemos?**

Responda pintando uma das mãozinhas ao lado de cada cena.

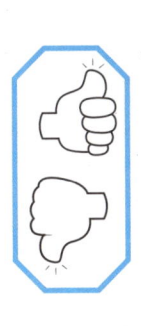

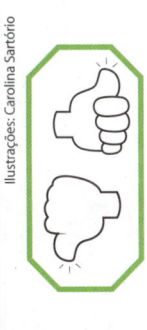

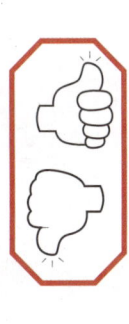

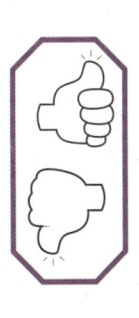

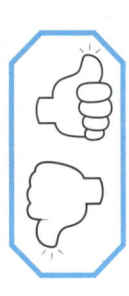

O dia e a noite

**Durante o dia, o Sol ilumina e aquece a Terra.
Durante a noite, a Lua aparece no céu.**

Observe o que as janelas mostram. Pinte o Sol na primeira janela e desenhe a noite na última janela. Depois, ligue cada janelinha à frase adequada.

Boa tarde!

Boa noite!

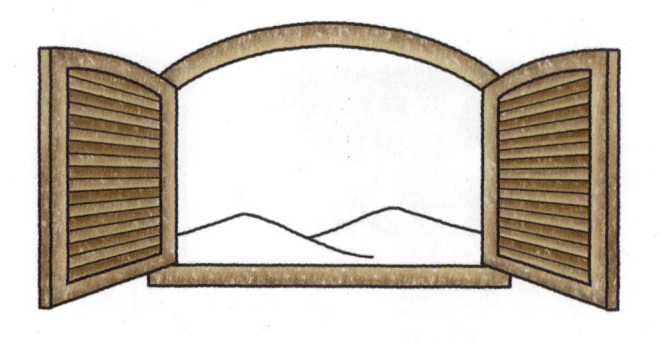

Bom dia!

— Como está o Sol na segunda janela?

O professor lerá o que Vera disse sobre a rotina diária dela. Ouça-o com atenção e pinte as fases do dia de acordo com a rotina de Vera.

Acordo pela manhã, à hora em que o Sol nasce no horizonte.

Almoço ao meio-dia, à hora em que o Sol brilha no alto do céu.

Tomo banho à tarde, quando o Sol vai sumindo no horizonte.

Durmo à noite, quando a Lua e as estrelas brilham no céu.

O Sol, a chuva e o vento

— Como está o tempo hoje?

Olhe pela janela da sala e, depois, pinte a resposta.

ensolarado **nublado**  **chuvoso**

— Quais das crianças a seguir estão vestidas adequadamente, considerando-se as condições do tempo de hoje?

Faça um **X** na resposta.

🤡 Escute a lenga-lenga e aprenda-a. Depois, ilustre-a.

> **Boa velhinha,**
> **Vai-te deitar.**
> **Aí vem a chuva**
> **Que te pode molhar.**
>
> Lenga-lenga.

Nesta semana, Tiago foi à praia somente nos dias ensolarados.

🤡 Observe o calendário e responda às perguntas.

DOMINGO | SEGUNDA-FEIRA | TERÇA-FEIRA | QUARTA-FEIRA | QUINTA-FEIRA | SEXTA-FEIRA | SÁBADO

⭐ Em quantos dias Tiago foi à praia?

⭐ Quantos foram os dias chuvosos?

⭐ Quantos foram os dias nublados?

317

Vento é o ar em movimento.
— Chuva ou vento?

🤡 Se a cena faz você pensar em **chuva**, pinte a ⭕ de **azul**.

🤡 Se a cena faz você pensar em **vento**, pinte a ⭕ de **vermelho**.

Camila de Godoy

— **Como está o tempo hoje?**

Observe como cada criança está vestida e pinte a bolinha de acordo com a legenda:

🟡 Dia ensolarado.
🔵 Dia chuvoso.
🔴 Dia frio.

Depois, desenhe e pinte como está o tempo hoje e como você está vestido.

319

As estações do ano

— Por que faz frio em uma época do ano e calor em outra?

— Por que a árvore fica florida e depois desfolhada?

Observe as cenas e ligue-as de acordo com a legenda.

🟠 O **verão** costuma ser a estação mais quente.
🔺 O **inverno** é geralmente a estação mais fria.
🔴 O **outono** é a estação das frutas. Nela, as folhas das árvores caem.
🔺 A **primavera** é a estação que tem mais flores.

— **De qual das brincadeiras a seguir você gostaria de brincar no verão?**

Circule a resposta.

— **Você gosta quando faz friozinho no inverno?**

Marque um **X** no menino que está sentindo frio.

As frutas são mais saborosas se colhidas na estação do ano apropriada. São as frutas da época.

- Desenhe e pinte as frutas de que você mais gosta.

- Recorte de jornais e revistas figuras de diferentes tipos de flores e cole-as a seguir para ilustrar a primavera.

É tempo de Sociedade

Fabiana Salomão

> A aranha arranha
> A jarra rara.
>
> Parlenda.

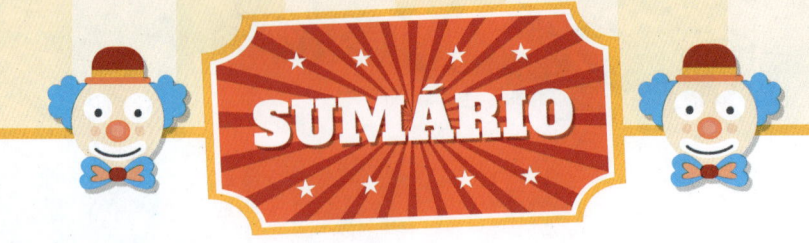

SUMÁRIO

A criança 325
A família 330
A casa 335
A escola 342
Boas maneiras 348
Diversidade 350
A comunidade 353
O trânsito 355
Os meios de transporte 359
Os meios de comunicação 365
As profissões 370
Datas comemorativas 377
Carnaval 378
Páscoa 381
Dia Nacional do Livro Infantil 383
Dia do Índio 385
Dia das Mães 389
Dia Mundial do Meio Ambiente
e da Ecologia 391
Festas Juninas 393
Dia dos Pais 395
Dia do Folclore 397
Dia da Pátria 399
Dia da Árvore 401
Dia Mundial dos Animais 403
Dia da Criança 405
Dia do Professor 407
Dia da Bandeira 409
Dia Nacional da
Consciência Negra 411
Natal 413

A criança

Já pensou se todos fossem iguais? Acho que as pessoas teriam que andar com o nome escrito na testa para não serem confundidas com as outras.

Regina Otero e Regina Rennó. Ninguém é igual a ninguém: o lúdico no conhecimento do ser. São Paulo: Editora do Brasil. 1994. p. 11.

— Como você é?

Desenhe e pinte seu rosto. Depois, complete o que se pede.

Meu nome é: _____

Quem escolheu meu nome foi: _____

Meu nome significa: _____

_____

Esse foi o nome escolhido porque: _____

_____

Toda criança gosta muito de brincar.
Brincar com bola e brincar com boneca,
Correr, pular e jogar peteca.
Mas de tanto brincar...

Chega a hora de deitar,
Fechar os olhos
E descansar.

Texto escrito especialmente para esta obra.

Recorte de jornais e revistas figuras de crianças brincando e cole-as a seguir.

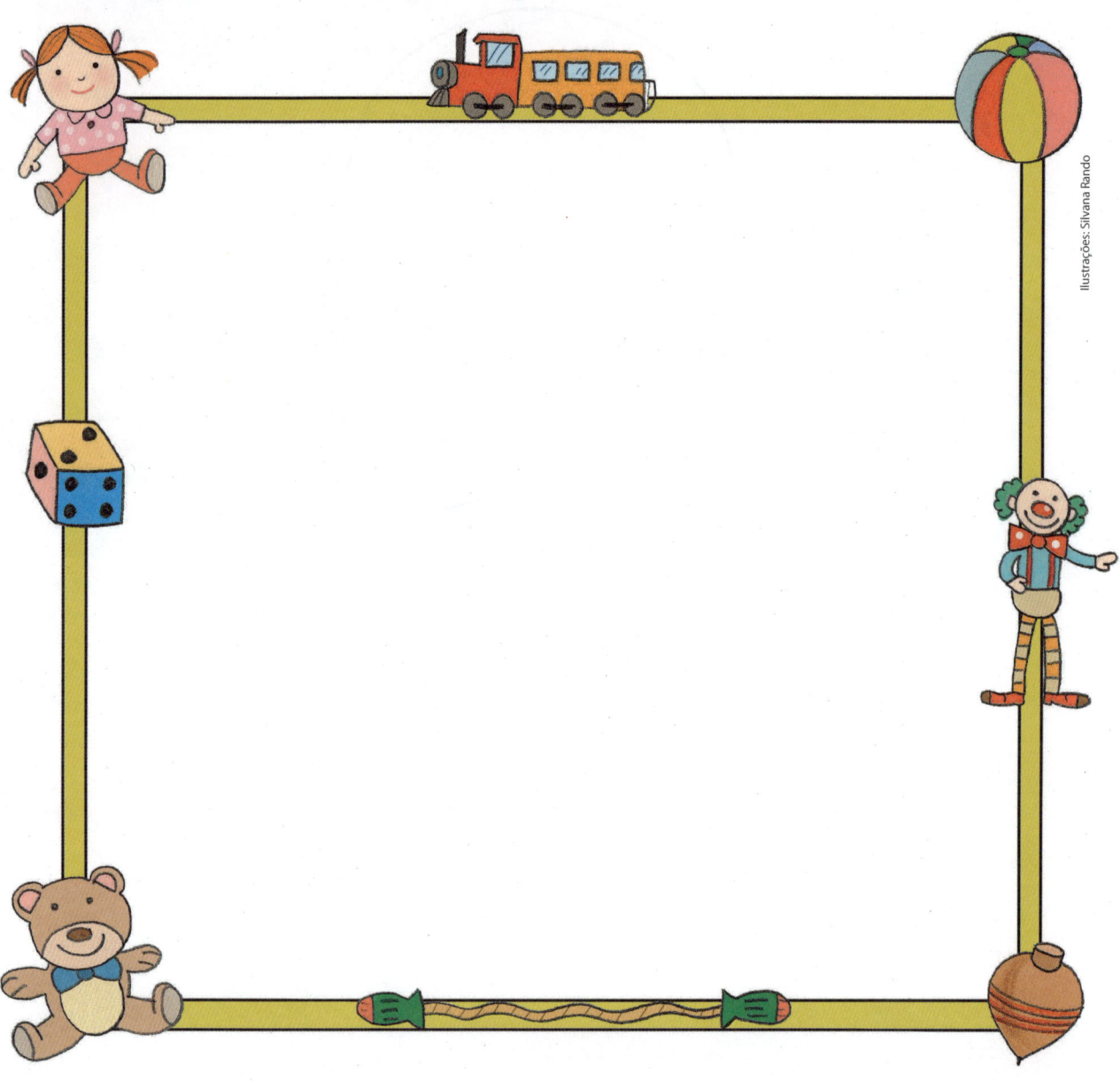

Ilustrações: Silvana Rando

— **Quais são suas brincadeiras prediletas?**

Faça um **X** somente nas cenas que representam brincadeiras de que você já participou. Depois, pinte a **O** das cenas que representam suas brincadeiras preferidas.

🤡 Observe os *emojis*. Depois, leia as palavras e desenhe o que você **gosta** e o que você **não gosta** de cada item.

fruta

animal

cor

esporte

Cada criança tem um jeito especial de ser.

Circule as cenas que lembram seu jeito de ser.

comunicativo

tímido

calmo

agitado

risonho

sério

A família

Um dia, escorreguei da árvore e acabei pendurada pelo pescoço entre dois galhos.

Meu tio que virou pai me salvou daquele sufoco. Ah! Como é bom ter um pai que antes era tio.

Regina Otero e Regina Rennó. **Apelido não tem cola: o lúdico no conhecimento do ser.** São Paulo: Editora do Brasil, 1994. p. 4-5.

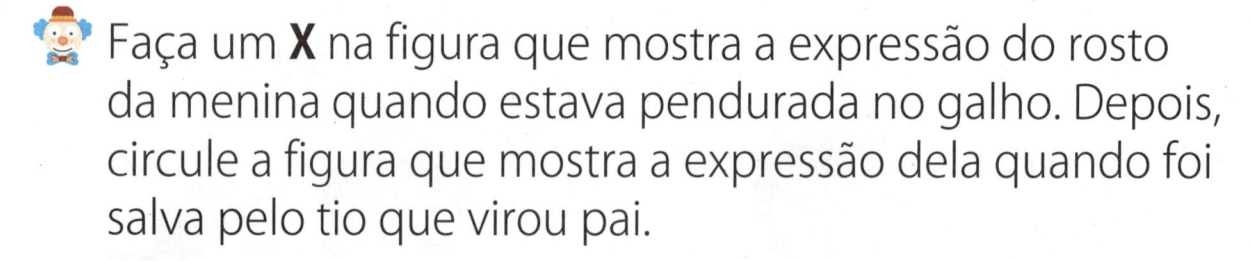

Ilustrações: Carolina Sartório

- Converse com os colegas e o professor e descubram juntos como um tio pode virar pai.

- Faça um **X** na figura que mostra a expressão do rosto da menina quando estava pendurada no galho. Depois, circule a figura que mostra a expressão dela quando foi salva pelo tio que virou pai.

Não importa como as famílias são formadas; o importante é que haja amor, união e respeito entre as pessoas.

- Desenhe as pessoas de sua família e, com a ajuda do professor, escreva o nome delas.

- Agora, circule o desenho das pessoas que moram com você.

Nem todas as pessoas de uma família moram na mesma casa.

Estas crianças vão oferecer uma flor à mãe delas.
— Quem é mãe de quem?

🤡 O professor lerá a placa das crianças. Ouça com atenção e ligue cada criança à respectiva mãe.

- Mamãe tem cabelos compridos.
- Mamãe usa óculos.
- Mamãe tem cabelos encaracolados.
- Mamãe é loira.

Silvana Rando

🤡 Como é sua mãe ou a pessoa que cuida de você?

Esta é a família do Artur.

Faça um **X** no Artur, um **/** na irmã dele, uma ● no avô e desenhe uma flor na avó.

— **O que a família de Artur está fazendo?**

Faça um desenho para mostrar o que você e seus avós gostam de fazer juntos.

🤡 Faça a correspondência corretamente.

A mãe do papai e a mãe da mamãe são minhas...

Os irmãos do papai e os irmãos da mamãe são meus...

Os filhos dos meus tios são meus...

Da vovó e do vovô, eu sou...

tios

primos

neto(a)

avós

🤡 O que você é dos seus pais? _____

A casa

As pessoas precisam de uma casa para se abrigar do Sol e da chuva, para descansar e para viver com a família.

— Como é sua moradia?

Observe as figuras e descubra de qual casa cada detalhe faz parte. Depois, ligue esse detalhe à respectiva casa e escreva nela o número correspondente.

1

2

3

4

Há vários tipos de moradia.

— Você mora em casa, apartamento ou outro tipo de moradia?

🤡 Circule sua resposta.

🤡 Agora, faça uma pesquisa para descobrir se a maior parte de seus colegas da turma mora em casa, apartamento ou outro tipo de moradia. Desenhe nos quadros um risco para cada colega e escreva as quantidades nas bolinhas.

— **O que cada criança fará? Aonde cada uma deve ir?**

Descubra a resposta e leve cada criança ao lugar adequado da casa. Use uma cor para cada traçado.

Complete a casa desenhando objetos, móveis e utensílios que pertencem a cada cômodo.

banheiro

quarto

sala de estar

cozinha

Encontre os brinquedos escondidos no quarto e pinte-os de **vermelho**. Depois, pinte tudo bem colorido.

— Quantos brinquedos você encontrou?
— Você dorme sozinho em seu quarto ou o divide com mais alguém?

Para conservar nossa casa limpa, devemos tomar alguns cuidados.

Circule as cenas de acordo com a legenda.

○ Varrer o chão diariamente.
○ Lavar, enxugar e guardar a louça.
○ Abrir as janelas e cortinas para arejar o ambiente.
○ Depositar o lixo em lixeiras apropriadas.

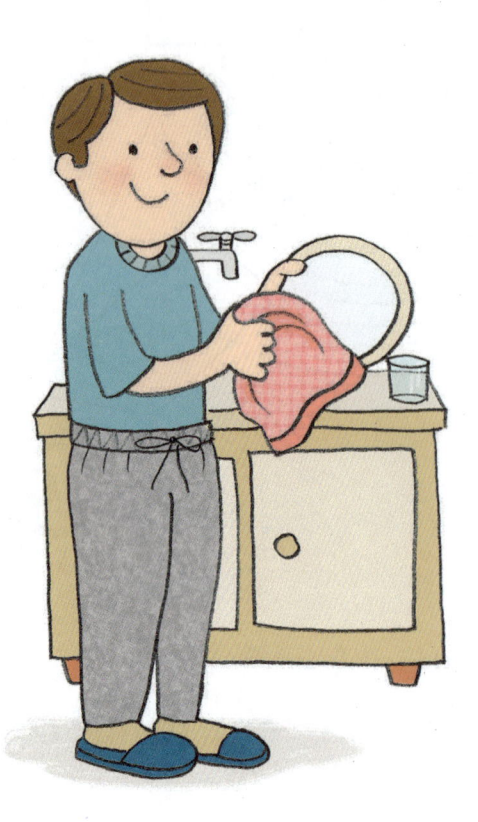

— **Quem constrói as casas e os apartamentos?**
— **Quais são os profissionais envolvidos?**

Faça com os colegas e o professor uma lista desses profissionais. Depois, numere as cenas na ordem correta.

341

A escola

Lá na minha escola
Ninguém é diferente
Cada um tem o seu jeito
O que importa é ir pra frente. [...]

Tem criança gorda, magra,
Alta, baixa, rica e pobre
Mas todos são importantes
Como prata, ouro e cobre. [...]

Rossana Ramos. **Na minha escola todo mundo é igual.** São Paulo: Cortez, 2009. p. 4 e 12.

Cada escola tem um nome.
O nome de sua escola é...

Desenhe e pinte sua escola.

Esta professora vai apresentar um teatro de fantoches para sua turma.

🤡 Pinte a professora e desenhe as crianças sentadas nas cadeiras.

— Como é seu professor?
— Do que você mais gosta nele?

🤡 Escreva o nome de seu professor.

_____

— **E seus colegas, como se chamam?**
— **Quantos vieram para a aula hoje?**

Pinte os bonecos, de acordo com a legenda, para registrar a quantidade de meninos e meninas que vieram para a aula hoje. Depois, conte-os e escreva os números nas respectivas bolinhas.

meninos   meninas

— O que você mais gosta de fazer na escola?

Observe atentamente a atividade de cada grupo e circule as que você também gosta de fazer na escola. Depois, desenhe nos círculos o material que cada grupo está usando.

Pesquise em revistas ou jornais imagens de objetos que existem na sua escola e cole-as no quadro.

— **O que faz cada pessoa que trabalha em sua escola?**

- Faça o caminho que Davi e Ana devem percorrer até a sala de aula.

- Faça um **X** na merendeira, um **/** no diretor e uma ● no servente.

347

Boas maneiras

— Quais destas crianças estão sendo boas e amáveis com os colegas?

Pinte as flores para responder.

348

— **Como você se comporta na escola?**

Pinte os ◇ de acordo com a legenda.

◆ Brinco com todos.

◆ Espero minha vez na fila.

◆ Jogo o lixo na lixeira.

◆ Espero minha vez de falar.

◆ Cumprimento as pessoas na chegada e na saída.

Diversidade

Olhe ao redor e observe como as pessoas são diferentes. Somos únicos e especiais.

Recorte da página 351 as metades que completam o rosto destas crianças e cole-as nos lugares certos.

Magrelo ou gordinho?
Moreno ou ruivinho?
Alto ou baixinho?
Diversidade é
Cada um com seu jeitinho.

Texto escrito especialmente para esta obra.

🤡 Agora, desenhe no quadro seu rosto sorrindo.

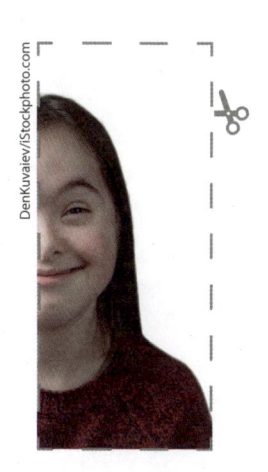

A comunidade

As pessoas que moram na mesma rua ou no mesmo bairro formam uma **comunidade**.

🤡 Desenhe nos quadros os vizinhos de sua moradia.

🤡 Faça um **X** nas construções que existem na rua onde você mora.

As ruas, as avenidas e as praças de uma cidade têm nome, e as casas e os apartamentos têm números.

— Você sabe o nome da rua onde mora? E o número da sua moradia?

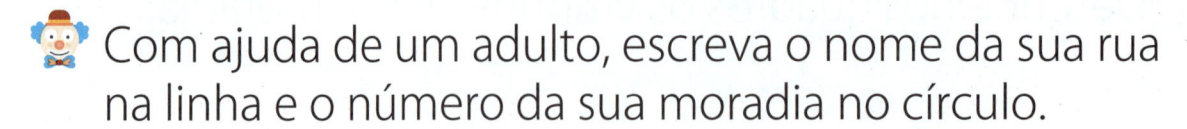

🤡 Com ajuda de um adulto, escreva o nome da sua rua na linha e o número da sua moradia no círculo.

🤡 Agora, pinte as construções da rua B para que fiquem iguais às da rua A.

A

B

O trânsito

Trânsito é o movimento de pedestres e veículos pelas vias públicas (ruas, estradas, avenidas, pontes etc.).

— Para onde vai cada carro?

Pinte os caminhos com a mesma cor dos carros e indique para onde vai cada um deles.

🤡 Observe a primeira cena.

— **Mariana e sua mãe podem atravessar a rua? Por quê?**

🤡 Agora, observe a segunda cena.

— **O que aconteceu? Elas já podem atravessar a rua?**

🤡 Cubra os tracejados para completar a faixa de segurança e trace o caminho que Mariana e sua mãe devem fazer para chegar ao outro lado da rua.

🤡 Com canetinha hidrocor, desenhe mais um pedestre atravessando a rua na faixa de segurança.

— O que você faz quando o sinal fica vermelho para os pedestres?

— E quando o sinal fica verde?

Observe os semáforos e pinte os bonecos observando a posição e a cor deles.

Pinte os semáforos para veículos com a cor que indica:

SIGA!   ATENÇÃO!   PARE!

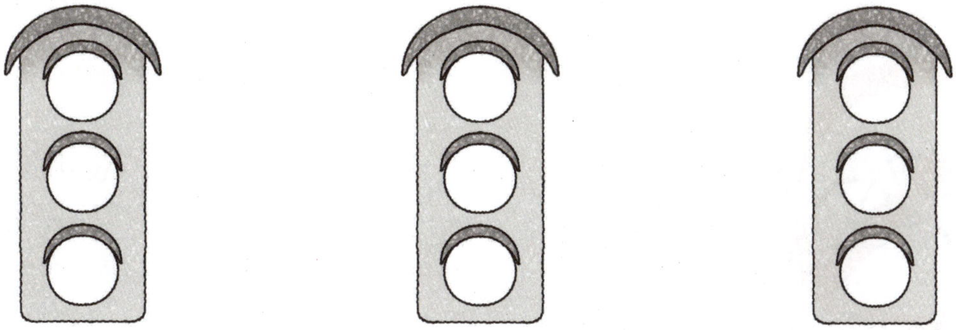

As placas de sinalização indicam pontos de atenção, o que se pode e o que não se pode fazer na cidade. Para isso, é preciso saber o significado delas.

Ligue cada placa ao seu significado.

- SIGA

- PROIBIDO TRÂNSITO DE BICICLETA

- ÁREA ESCOLAR

- PROIBIDO ESTACIONAR

Os meios de transporte

Os **meios de transporte** levam pessoas, animais e mercadorias de um lugar para o outro.

Eles passaram por muitas transformações ao longo do tempo.

🤡 Em cada grupo, circule o meio de transporte moderno de **amarelo** e faça um **X** no antigo.

— Vamos brincar de "jogo da memória"?
— Você já conhece essa brincadeira?

O professor lerá as regras desse "jogo da memória". Ouça com atenção e, depois, brinque com um colega.

Regras do "jogo da memória dos meios de transporte"

1. Recorte as cartelas da página 361 e junte-as com as do seu colega.
2. Embaralhem as cartelas com a face da figura voltada para baixo.
3. Um de cada vez, o jogador deve virar duas cartelas a fim de encontrar o par de cada figura.
4. Quem acertar fica com as cartelas e joga novamente.
5. Quem errar deixa as cartelas na mesa e passa a vez ao colega.
6. Ganha quem conseguir acumular o maior número de cartas.

Depois, desenhe abaixo as cartelas que você conseguiu acumular.

361

— Você usa algum meio de transporte para chegar à escola?

Circule o meio de transporte que você usa para ir à escola. Se não usa nenhum deles, pinte a imagem das crianças indo a pé para a escola. Se usa um meio de transporte não mostrado nas imagens, desenhe-o em uma folha à parte.

363

Existem meios de transporte aquáticos, terrestres e aéreos.

Classifique os meios de transporte de acordo com a legenda. Depois, pinte-os seguindo as cores indicadas pelos pontinhos.

aquático   terrestre   aéreo

364

Os meios de comunicação

Para nos comunicarmos com as pessoas que estão perto ou longe de nós, usamos os meios de comunicação.

🤡 Cubra os tracejados com as cores indicadas e descubra com quem cada criança está se comunicando. Depois, circule a criança que está se comunicando com a vovó.

— **O que você mais gosta de assistir na TV?**

Faça um desenho para representar sua resposta.

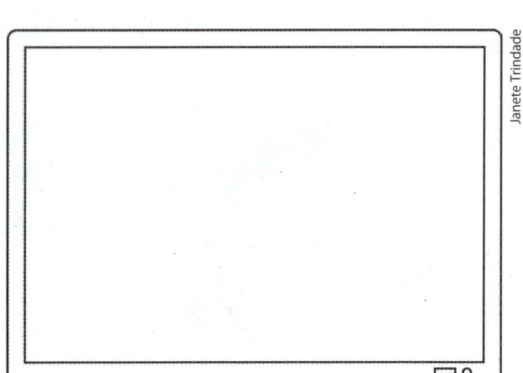

— **Que outros meios de comunicação você usa?**

Desenhe-os.

🤡 Faça um **X** no que se pede.

⭐ Meios de comunicação que usamos para ouvir notícias.

⭐ Meios de comunicação que usamos para ler notícias.

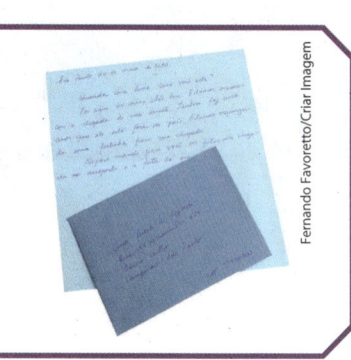

⭐ Meios de comunicação que usamos para ver e ouvir notícias.

⭐ Circule seu meio de comunicação preferido.

367

Os meios de comunicação passaram por transformações ao longo do tempo.

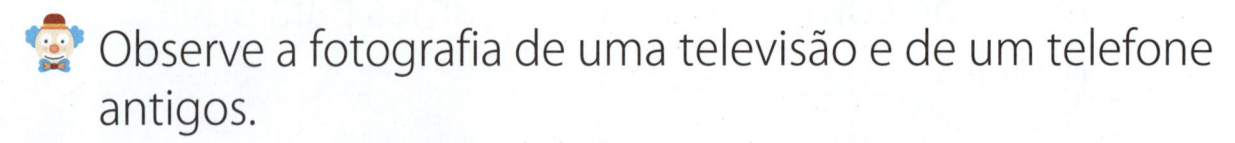

🤡 Observe a fotografia de uma televisão e de um telefone antigos.

🤡 Recorte de jornais e revistas a figura de uma televisão e a de um telefone atuais e cole-as a seguir.

jakkapan/Shutterstock.com

erashov/Shutterstock.com

— O que Lola está fazendo em cada cena?

Pinte o meio de comunicação que Lola está usando em cada situação.

As profissões

Há diversas profissões
Todas têm grande valor.
O trabalho rende muito
Quando feito com amor.

Quadrinha.

Pinte a ⭕ de cada profissional de acordo com as frases.

● O padeiro faz o pão do nosso lanche.

● A médica cuida dos doentes.

● A repórter pesquisa e transmite informações.

● O gari deixa as ruas limpinhas.

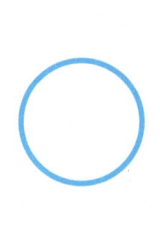

Observe as imagens com atenção, encontre cinco diferenças entre elas e marque-as na segunda cena. Depois, pinte a primeira.

371

— Qual objeto esses profissionais utilizam para trabalhar?

Pinte os profissionais. Depois, desenhe mais ferramentas de trabalho para cada um deles.

professora

cozinheira

jardineiro

enfermeiro

— Você conhece alguém que tenha uma dessas profissões?

372

A diretora da escola e o motorista são profissionais que nos ajudam.

Trace o caminho de cada profissional até seu local de trabalho.

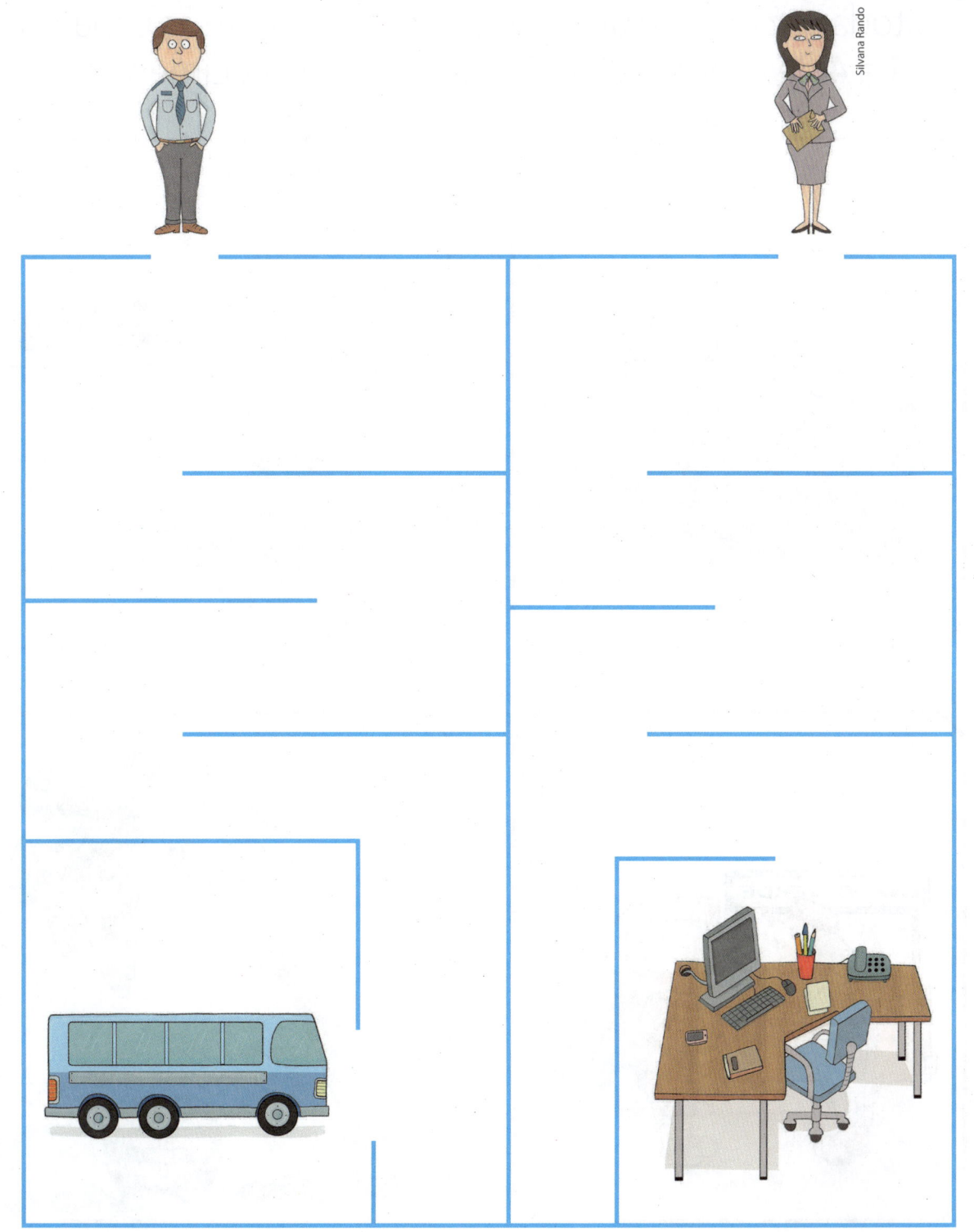

— Hum... Água de coco é uma delícia!
— Você sabe como o coco chega até nós?

Observe as cenas e conte a história.

Faça um **X** no coqueiro e circule o apanhador de cocos toda vez que ele aparecer. Depois, numere as cenas de **1** a **4** de acordo com a ordem dos acontecimentos.

— Hum... Água de coco é uma delícia!

— **Que profissão você quer ter quando for adulto?**

Faça um desenho para representá-la.

— **Você sabe qual é a profissão de seus familiares?**

Escolha dois familiares e pergunte qual é a profissão deles. Depois, escreva o nome dessas pessoas e faça uma colagem para representá-las no trabalho.

Nome: _____

Nome: _____

Datas comemorativas

Carnaval

Viva, viva! Chegou o Carnaval!
— Você já conseguiu sua fantasia?
— Qual será a fantasia que Mateus e Ana escolherão?

Recorte as fichas da página 379 nas linhas tracejadas e siga o passo a passo abaixo.

1. Coloque uma placa de isopor sob uma das fichas com a figura de fantasia.
2. Perfure o pontilhado com palito de dente e destaque a parte branca da imagem.
3. Faça a mesma coisa com as outras três fichas de fantasia.
4. Agora, "experimente" as fantasias em Mateus e Ana colocando-as sobre as fichas deles.

Modelo:

— De qual fantasia você gostou mais?

379

Páscoa

Na Páscoa, os cristãos comemoram a ressurreição de Jesus Cristo.

O coelho é um dos símbolos dessa data.

Recorte as partes do coelhinho na linha tracejada e dobre-as ao meio na linha pontilhada. Depois, cole as duas partes como no modelo.

Modelo:

Dia Nacional do Livro Infantil – 18 de abril

Monteiro Lobato nasceu em 18 de abril de 1882, na cidade de Taubaté, em São Paulo. Ele é considerado, ainda hoje, um dos maiores escritores da literatura infantojuvenil brasileira. Foi o criador de personagens famosos, como o Visconde de Sabugosa, a Dona Benta, a Tia Nastácia, o porco Marquês de Rabicó, a Narizinho, a boneca de pano Emília e muitos outros. Ele também popularizou personagens folclóricos como o Saci e a Cuca.

Para homenageá-lo, em 18 de abril comemoramos o Dia Nacional do Livro Infantil.

Ilustre as páginas do livro a seguir com dois personagens criados por Monteiro Lobato.

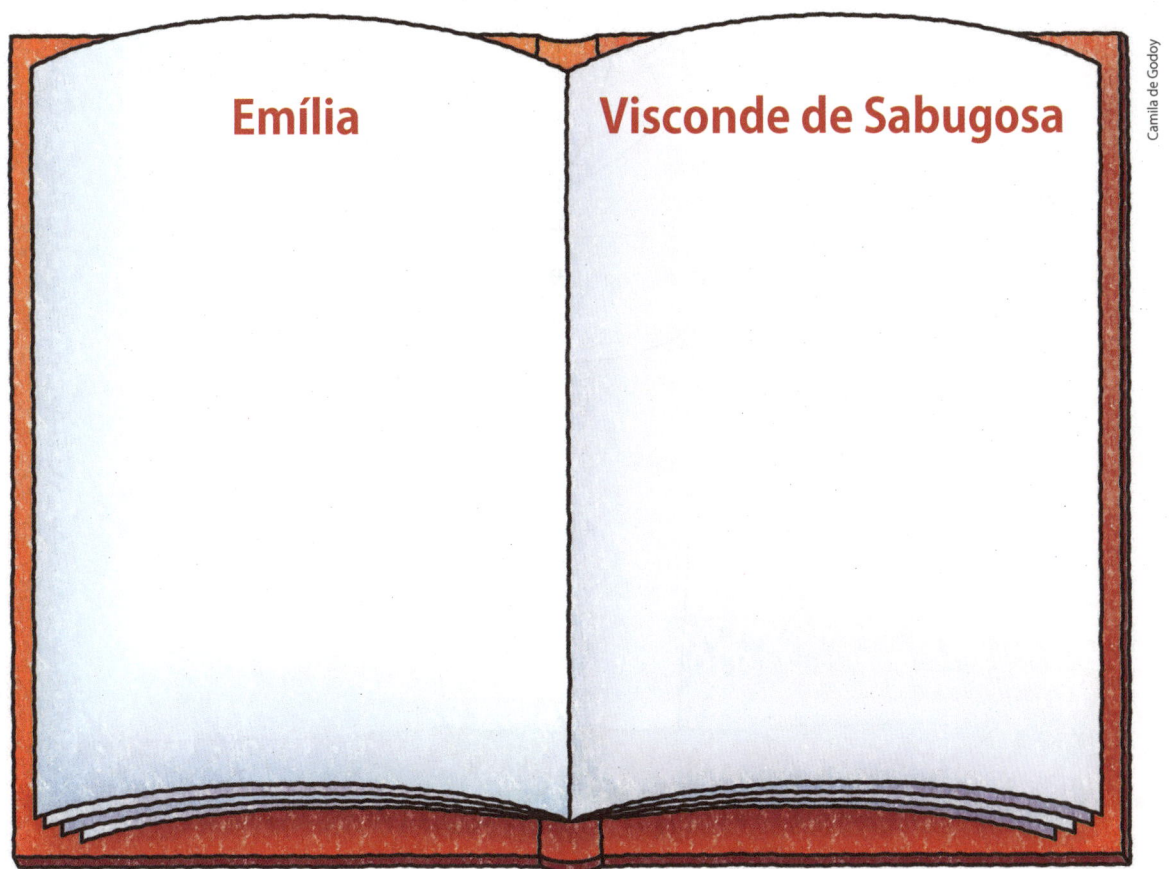

| Emília | Visconde de Sabugosa |

Pinte a roupa de Monteiro Lobato com giz de cera **azul-escuro**.

Monteiro Lobato

384

Dia do Índio – 19 de abril

Recorte as partes do indiozinho e monte um móbile.

385

Camila de Godoy

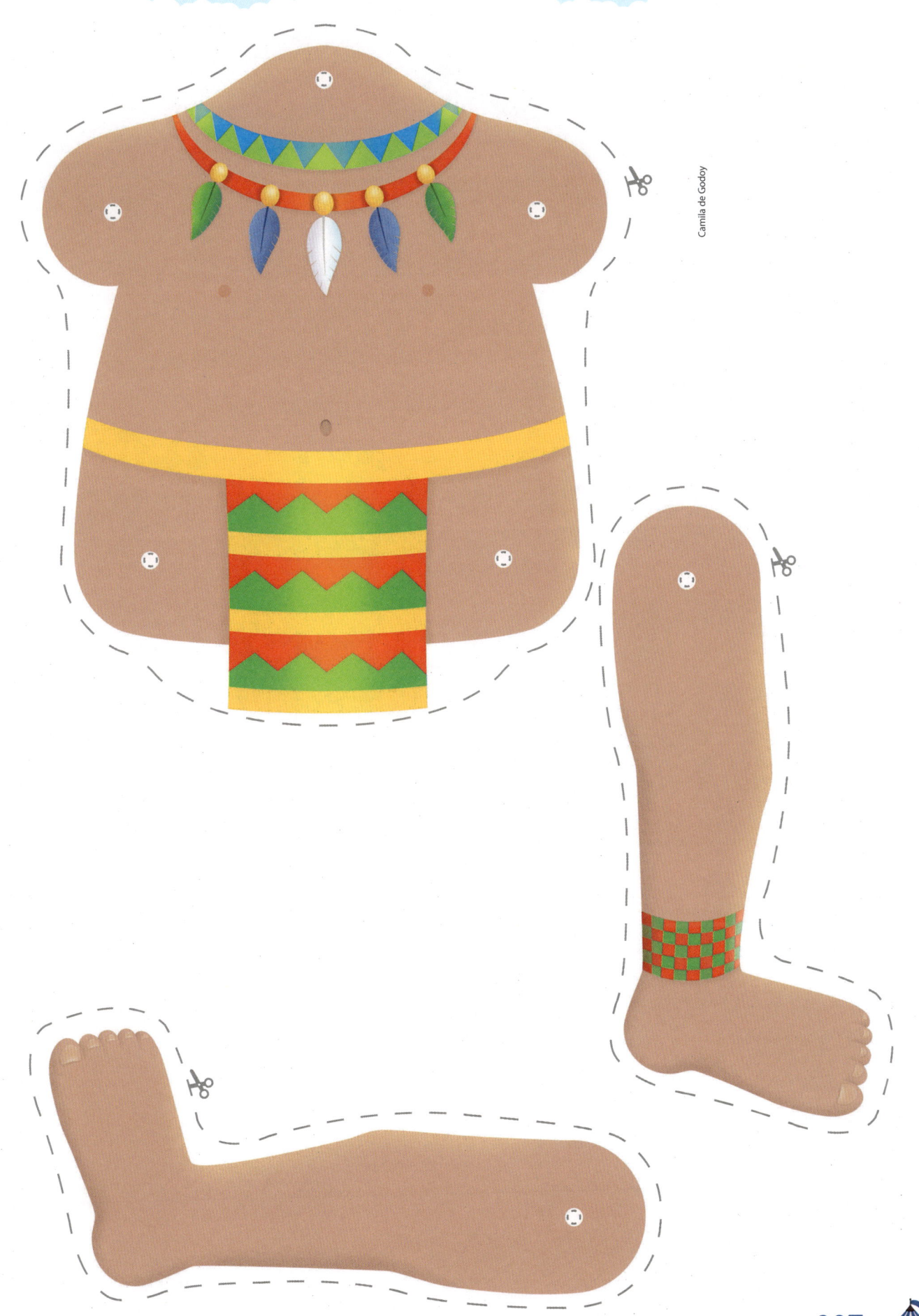

Dia das Mães – 2º domingo de maio

Recorte a figura nas linhas tracejadas, dobre-a nas linhas pontilhadas e cole os locais indicados para montar uma bolsa. Depois de pronta, entregue-a para a mamãe ou a pessoa que cuida de você.

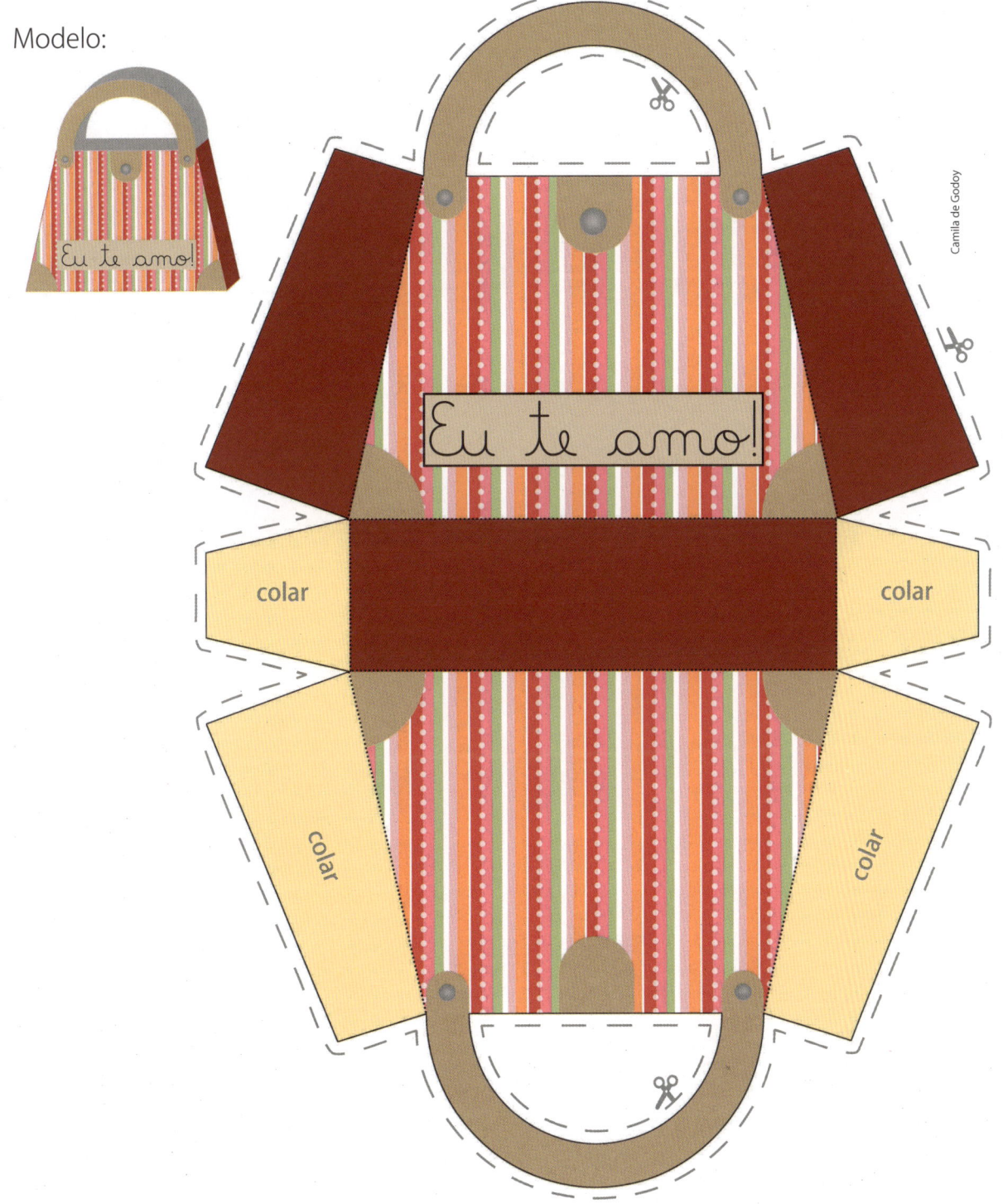

Modelo:

colar

colar

colar

colar

Eu te amo!

389

Dia Mundial do Meio Ambiente e da Ecologia – 5 de junho

Recorte as frutas e os pássaros e cole-os na árvore.

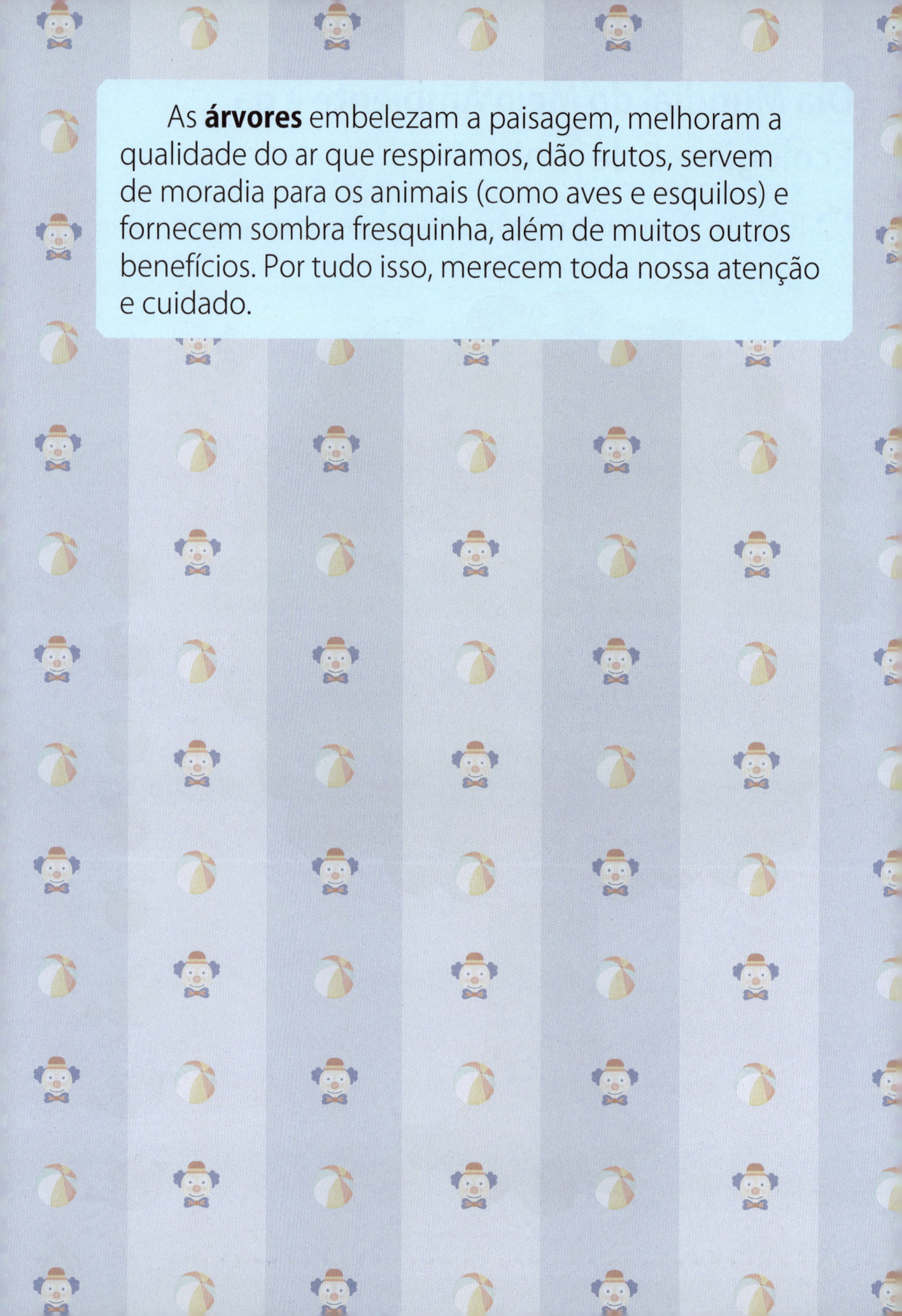

As **árvores** embelezam a paisagem, melhoram a qualidade do ar que respiramos, dão frutos, servem de moradia para os animais (como aves e esquilos) e fornecem sombra fresquinha, além de muitos outros benefícios. Por tudo isso, merecem toda nossa atenção e cuidado.

Festas Juninas – mês de junho

Há comidas típicas para as Festas Juninas.

Pesquise imagens de comidas típicas de Festas Juninas e cole-as sobre a mesa. Depois, desenhe e pinte as bandeirinhas.

— Qual dessas comidas você já experimentou?

Circule-as.

393

É no mês de junho que se comemoram as festas de Santo Antônio, São João e São Pedro.

Nessas festas, há bandeirinhas, brincadeiras, quadrilhas e barracas com comidas típicas: milho, pamonha, canjica, pipoca, cocada, tapioca e muitas outras.

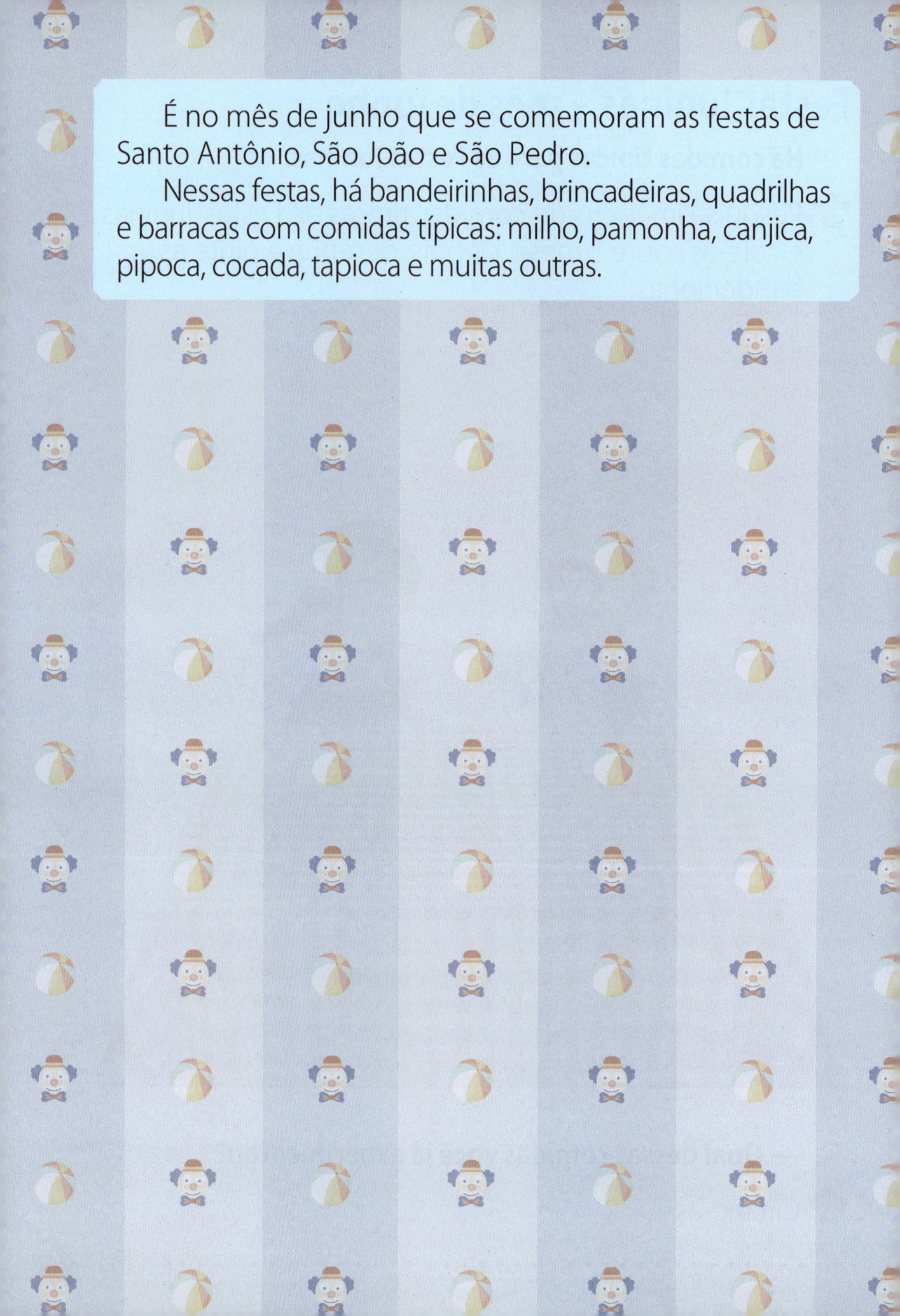

Dia dos Pais – 2º domingo de agosto

— O que você e o papai (ou a pessoa que cuida de você) gostam de fazer quando estão juntos?

🤡 Pinte a cena usando tinta guache.

🤡 Escreva nos retângulos o seu nome e o nome do seu papai, ou da pessoa que cuida de você. Depois, entregue a pintura para ele.

Camila de Godoy

Dia do Folclore – 22 de agosto

Folclore é o conjunto de conhecimentos, tradições e crenças de um povo, como danças, comidas, lendas, músicas, brincadeiras e muitas outras coisas.

Recorte a figura nas linhas tracejadas, dobre-a nas linhas pontilhadas e cole-a nos lugares indicados para montar o **dado do folclore**. Depois, brinque com os colegas.

Carolina Sartório

Dia da Pátria – 7 de setembro

Nossa pátria é o Brasil.
Quem nasce no Brasil é brasileiro.
— Você já viu a bandeira do Brasil?
— E o mapa do Brasil?

Use tinta guache **verde** para pintar o mapa do Brasil.

Dia da Árvore – 21 de setembro

— **Vamos brincar de mosaico!**

Passe tinta guache **marrom** na palma de uma de suas mãos e carimbe-a nesta página para formar o caule e os galhos de uma árvore. Depois, cole pedacinhos de papel **verde** próximo às marcas dos dedos para formar a copa.

Modelo:

Camila de Godoy

— **Quem protege as árvores valoriza a vida!**

Dia Mundial dos Animais – 4 de outubro

Recorte as figuras nas linhas tracejadas e monte a girafinha.

Modelo:

Silvana Rando

Dia da Criança – 12 de outubro

Para você se divertir, o professor contará a história da Chapeuzinho Vermelho.

— Você gosta de brincar com dedoches?

— Sabia que dedoche é um fantoche que usamos nos dedos?

Recorte os dedoches nas linhas tracejadas, dobre-os nas linhas pontilhadas e cole-os conforme as indicações. Depois, brinque com os colegas.

- Vovozinha
- Lobo
- Caçador
- Chapeuzinho Vermelho

Dia do Professor – 15 de outubro

— Vamos confeccionar uma lembrancinha para o professor?

Recorte a corujinha na linha tracejada e cole um pedaço de fita no verso. Depois, cole tudo em um CD e decore a corujinha com um lacinho de fita. Então, ofereça a lembrancinha ao professor.

Modelo:

Silvana Rando

Dia da Bandeira – 19 de novembro

A **Bandeira Nacional** deve ser respeitada, pois ela é um dos símbolos de nossa pátria.

Ouça o Hino Nacional Brasileiro com o professor e os colegas. Depois, use tinta guache para pintar a bandeira com as cores corretas.

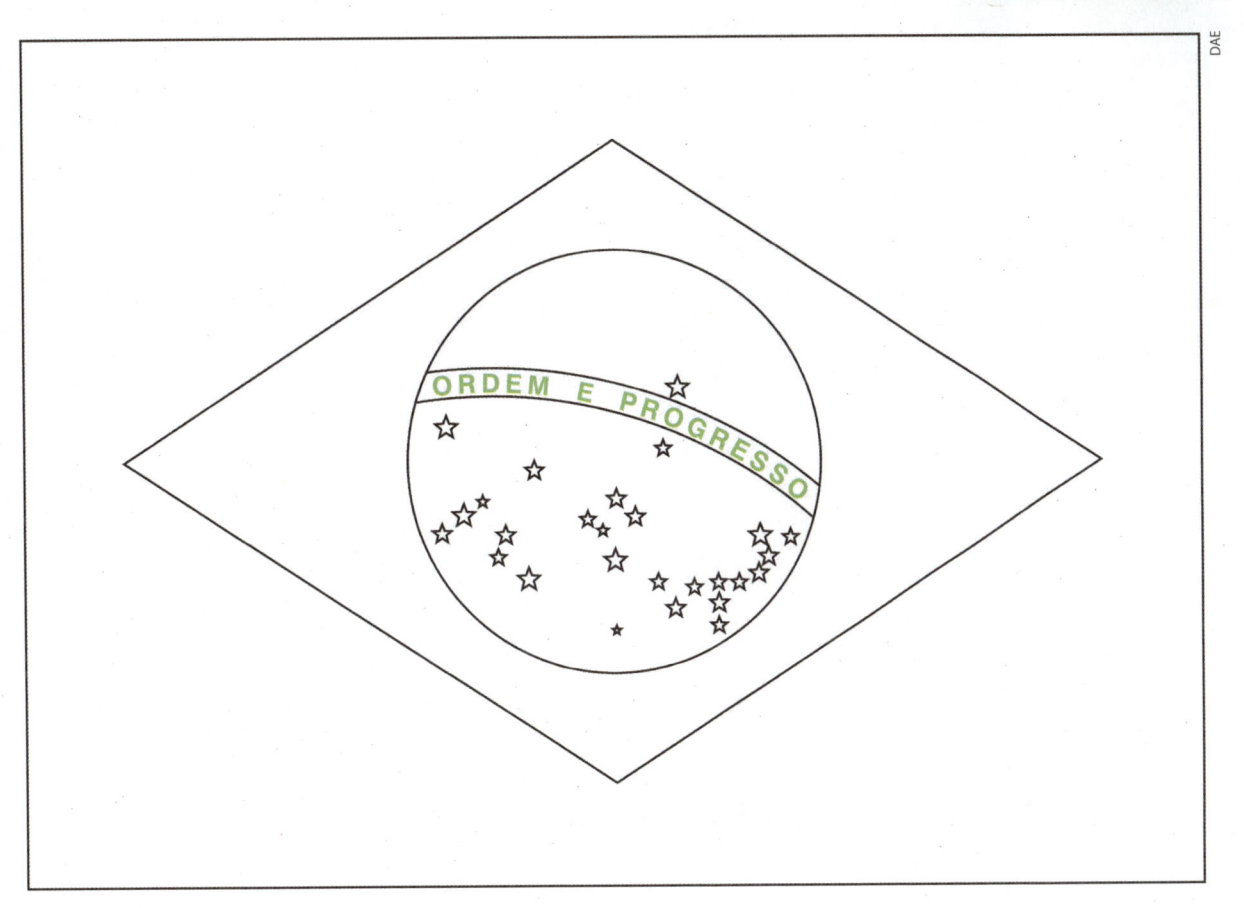

Agora, copie a frase escrita na Bandeira Nacional.

Dia Nacional da Consciência Negra – 20 de novembro

Os africanos e seus descendentes, com os hábitos e costumes de sua terra de origem, contribuíram para o desenvolvimento do Brasil.

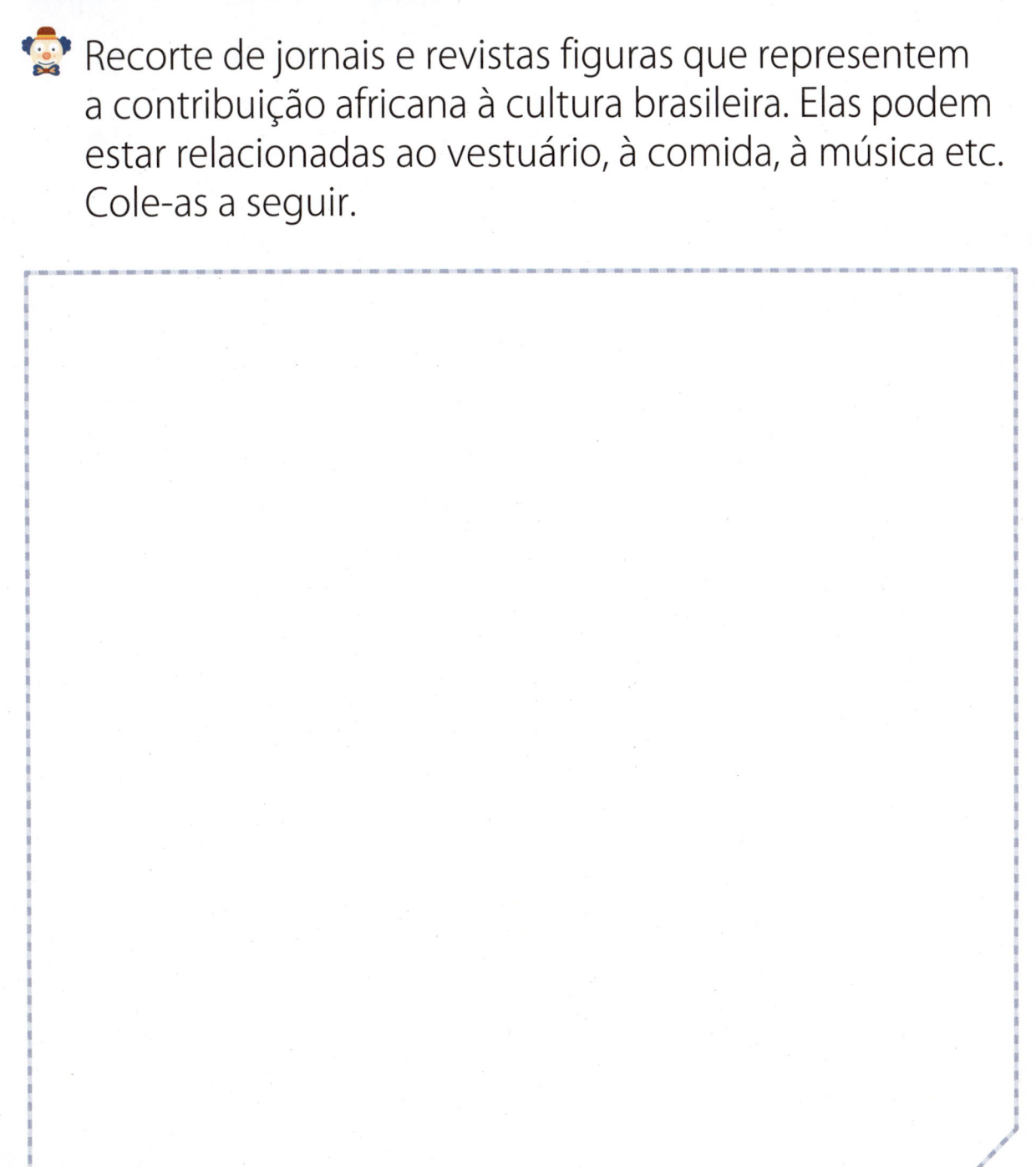

Recorte de jornais e revistas figuras que representem a contribuição africana à cultura brasileira. Elas podem estar relacionadas ao vestuário, à comida, à música etc. Cole-as a seguir.

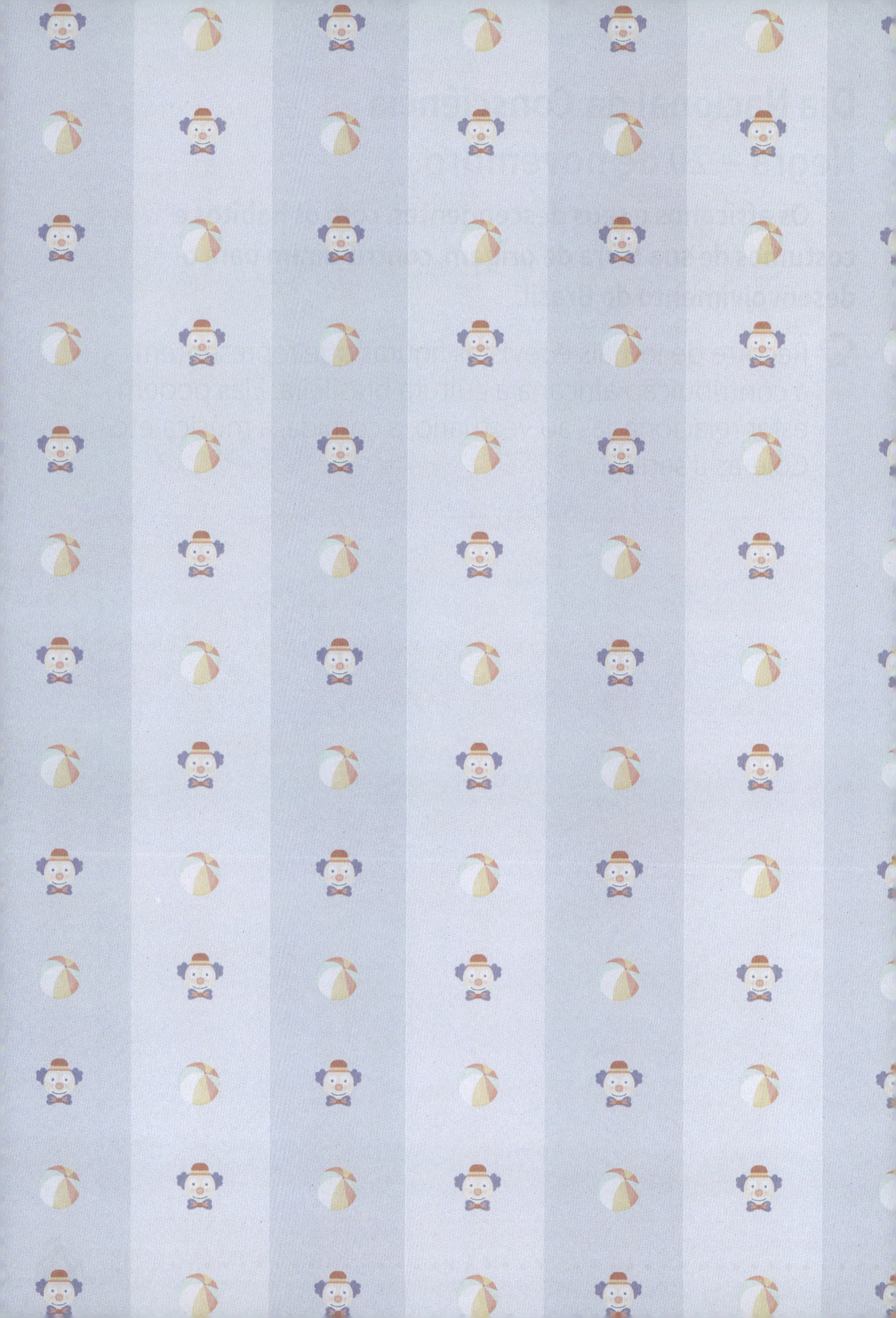

Natal – 25 de dezembro

O Natal é uma festa cristã que comemora o nascimento de Jesus.

Recorte de revistas, encartes ou panfletos figuras de brinquedos que você gostaria de ganhar ou dar de presente para alguém e cole-as dentro do saco de presentes do Papai Noel.

Camila de Godoy

Ficha individual de observação

(Esta ficha é de uso exclusivo do professor.)

Objetivos

- Dar ao educador condições de organizar melhor suas observações sobre o desenvolvimento da criança no dia a dia.

- Delinear o perfil da criança, seus hábitos e suas preferências.

- Utilizar a ficha durante as reuniões de pais como fonte de informações sobre a criança.

Observações

- Esta ficha não pode ser trabalhada em forma de teste. Destaque-a do livro de cada criança no início do ano.

- Aconselhamos que comece a trabalhar com a ficha somente a partir do segundo bimestre, quando já conhece melhor a criança, porque, nessa faixa etária, às vezes, ela pode ter atitudes agressivas ou desordenadas na apresentação das ideias, sem que sejam suas características verdadeiras. Não espere da criança um comportamento estável. Preencha a ficha após várias observações.

- Para avaliar o grau de aprendizagem e a maturidade da criança, é preciso ouvi-la com bastante atenção e verificar seu desempenho durante toda e qualquer atividade.

- Esperamos que esta obra seja uma ferramenta de ajuda a seu criativo e dinâmico trabalho para juntos formarmos cidadãos com habilidades e atitudes positivas.

Vilza Carla

Nome: _____

Para utilizar a ficha de observação, sugerimos a seguinte simbologia e descrição: ▲ Sim ● Às vezes ▼ Não ■ Não observado					
Características físicas, mentais, sociais e emocionais		**Bimestres**			
		1º	2º	3º	4º
1.	Realiza as atividades com interesse.				
2.	Escolhe atividades.				
3.	Faz muitas perguntas.				
4.	Seu período de concentração é muito curto em relação ao das demais crianças.				
5.	Pronuncia as palavras com facilidade.				
6.	Gosta de brincar de faz de conta, imitar, dramatizar.				
7.	Segue instruções.				
8.	Mostra-se responsável com seus pertences.				
9.	Recusa-se a participar das brincadeiras em grupo.				
10.	Demonstra fadiga após quaisquer atividades.				
11.	Espera sua vez.				
12.	Manifesta timidez.				
13.	Dá recados com clareza.				
14.	Memoriza poesias, frases, canções.				
15.	Aceita mudanças na rotina.				
16.	Chora sem explicações evidentes ou com frequência.				
17.	Pede sempre ajuda.				
18.	Demonstra agressividade.				
19.	Rabisca e estraga trabalhos dos amigos.				
20.	Demonstra iniciativa para resolver seus problemas.				
21.	Revela segurança.				
22.	É bem aceita pelos colegas.				
23.	Demonstra dificuldade em ser organizada.				
24.	Partilha seus objetos com boa vontade.				
25.	Apresenta prontidão na aprendizagem.				
26.	É observadora.				
27.	Participa das avaliações orais.				